藍學堂

學習・奇趣・輕鬆讀

一本書讀懂
科技趨勢關鍵詞

金敏九————著 陳柏蓁————譯

ChatGPT、自駕車、量子電腦、DAO⋯⋯
人人都該學的49個最新科技及商業應用

미래 경제
지식 사전

김민구

目次

推薦序　看懂關鍵詞，掌握科技勢

陳世杰

AI人工智慧雖然已被討論多年，實際上比較像是我們在茶餘飯後閒聊的科幻故事；直到這兩年ChatGPT在網路迅速引爆熱議，不得不承認，網路流傳名句「AI不見得取代人類，但不懂AI的人會被取代」幾乎已快成了定律。

科技已經悄悄地改變了我們的生活方式、商業模式和社會結構。從人工智慧到區塊鏈、生物技術到量子計算，各種新興技術不斷湧現，推動著社會的進步和變革。然而，這些科技背後的專業術語和關鍵詞往往令人眼花撩亂，難以捉摸。因此，本書精心挑選了各個領域的關鍵詞，深入淺出解釋每個詞彙的含義、發展歷程以及應用場景，讓讀者不僅可以迅速理解當前科技的發展動態，甚至還可以預視未來科技發展的趨勢。

例如，談論到人工智慧時，作者不僅僅提到機器學習和生成式AI，還包括了自動駕駛、機器人、智慧工廠等各個方面的技術和應用；而區塊鏈則不僅僅是一種分散式帳本技術，還可以應用於金融、供應鏈管理、智能合約等眾多領域。本書通過對這些關鍵詞的詳細解說，幫助讀者全面了解科技的本質和應用。

這本書的價值不僅在於全面性，更在於它的易讀性和實用性。無論你是一個對科技充滿好奇心的普通讀者，還是一個希望在科技領域掌握先機的先行者，這本書都能滿足你的需求。它不僅是一本供你閱讀的書

籍，更是一本可以不斷翻閱、學習的工具書。

　　在這個充滿挑戰和機遇的時代，我們每個人都應該保持對科技的敏感度和好奇心，不斷學習和探索。我相信，《一本書讀懂科技趨勢關鍵詞》將成為你的得力助手，幫助你更好地理解和應對這個科技時代的挑戰，同時抓住其中的機遇。讓我們一起開啟這段奇妙的科技之旅吧！

（本文作者為永豐投信副總經理）

前言　邁向新時代的必備知識

童話故事裡的魔女總是盯著又圓又大的水晶球（crystal ball）預測未來，她們透過水晶球裡浮現的影像就能準確預言，使人類心生畏懼。對於魔女這種散發神祕氣息的行為，英文裡有「crystal ball gazer」的說法，意思是「看水晶球的人」，用來比喻預測未來的人。

可惜真實世界裡不存在這樣的看水晶球的人，人類無法預知每天會發生什麼事情，要預測一個月後或一年後的情況也很困難。股票市場上有無法預測股價的「隨機漫步理論」（random walk theory）也是這個道理。

未來不會一成不變，而是持續不斷地改變。想像一下，未來如果已經固定不動，過去的幾千年裡，人類又如何會有追求發展的毅力與決心？面對無法預知的未來，我們該如何準備？其實，「未來是現在的延續」就是這個問題的答案。現在發生的所有社會現象，結果都會造就未來。

這次出版的《一本書讀懂科技趨勢關鍵詞》就是以這個觀點編寫。因應資訊科技（IT）快速發展，我依照各領域受重視的程度編排章節，針對各領域、各行業、各種金融投資技術、全球暖化暨氣候變遷的因應對策、未來生活型態等主題進行分析，讓大家能綜觀周遭經濟、社會、文化、環境的現況與未來。

以下簡單介紹這本書的內容。第一章會談論「第四次工業革命」與未來的「第五次工業革命」。

人類正處於由大數據（big data）、人工智慧（AI）等新科技遍布的超連結時代，也就是第四次工業革命時代，生成式AI（generative AI）不僅深入產業界與學術界，也深入一般人的日常生活，這一章會介紹生成式AI的現況與未來展望。此外，現在時常可見有人從ChatGPT等聊天機器人（chatbot或chatting robot）獲得知識與建議，利用生成式AI作詞與作曲，也有人在3D虛擬實境（VR）元宇宙（metaverse）裡繪製多媒體影像，這些都不再稀奇。生成式AI、元宇宙等新科技的時代已經來臨，影響著產業界與學術界，甚至造就新的行業，這點應該無庸置疑。我將帶領大家一起進入這個時代。

新科技對交通也會帶來相當大的改變。一般人認為，從首爾到釜山開車至少得花五個小時，搭飛機也需要一個小時，但這種說法將來可能變成過去式。因為時速高達1,200公里，快到超乎想像的「超級高鐵」（hyperloop）可能不再只是夢想，未來只要20分鐘就能從首爾直奔釜山。

浩瀚無際的外太空門戶洞開，現在已成為企業界發展新事業的舞台。以前的通訊衛星只能在距離地表約3萬6,000公里的高空發送訊號，現在距離地表300至1,500公里的低軌道有小型衛星，能對航空、海洋、極地、沙漠等地球各個角落提供超高速網路。這種「低軌道通訊衛星事業」最近非常受到重視，也被稱為「太空網路」，可讓高山、海洋、沙漠擺脫通訊死角，扮演縮小地球村資訊落差（digital divide）的重要角色。此外，無人機（drone，無人飛行器）與自駕車的出現也改變人類生活。

　　科技的影響對金融市場也不例外。利用最新資訊科技與區塊鏈技術的NFT、STO等新興金融商品陸續出現，形成所謂的「Web 3.0金融生態圈」，產生結合傳統金融服務與數位科技的未來金融解決方案。尤其NFT與區塊鏈不只進入傳統金融領域，也發展到藝術領域，帶動「藝術品碎片化投資」發展。第二章將以這些主題探討相關的投資知識。

　　第三章會針對全球暖化造成的氣候與環境變化做深入探討。與環境保護有關，最近常被談論的主題有碳中和、綠氫、循環經濟、溫室氣體盤查議定書（GHG，Greenhouse Gas Protocol）等，我將利用最新資訊與研究報告介紹這些內容。此外，環境保護已成為企業無法忽視的課題，全世界有許多企業提出涵蓋環境保護、社會責任與公司治理（ESG）的經營理念，而且不吝於投資。氣候變遷現在成為全世界關心的議題。

　　第四章把焦點拉回人類即將面對的「未來生活」。新科技問世大大改變人類的生活方式，隨著共享經濟的概念持續擴散，零工經濟（gig economy）、食品科技與教育科技、超在地化（hyperlocal）平台、液體消費（liquid consumption）、垂直式商務（vertical commerce）等，全面顛覆傳統的商業模式。不僅如此，人口高齡化已成為嚴重的社會與經濟問題，本章也會探討高齡化的議題。2024年韓國65歲以上的高齡人口將達到1,000萬人，即將進入「一千萬名老人的時代」。面對目前的大環境，我認為八旬銀髮族（octogenarian）可讓高齡化「從詛咒變成機會」。

　　為了撰寫這本書，我瀏覽了許多知名學府與研究機構的網站，也研讀論文、聯合國（UN）等國際組織公布的資料、市調機構的報告書、最新的新聞資料等，盡可能讓各領域都有最新資訊與豐富內容。相信這本書能滿足想獲取國內外經濟、社會、科學、文化等各領域最新趨勢的讀者，也能對準備考試的莘莘學子有所幫助。

　　最後必須再次感謝我的家人，因為有你們的協助，我才能順利完成這本書。

　　　　　　　　　　　　　　　　　　　　　　　　　　　金敏九

　　　　　　　　　　　　　　　　　寫於京畿道龍仁市水枝區

第 1 章

從未來商業模式看經濟知識

01 機器人、協作機器人：人口高齡化時代，雙贏合作的替代方案

- 1920 年捷克作家卡雷爾・恰佩克在喜劇劇本首次使用「機器人」一詞
- 2000 年日本本田汽車發表外型接近人類的類人型機器人 Asimo
- 「人類的第三隻手臂」—— 協作機器人，未來發展潛力大
- 2026 年全球協作機器人市場規模約 79 億 7,200 萬美元[①]

　　回顧人類的歷史，很難找到像機器人（robot）一樣擄獲人心的發明。在古中國、古希臘與古埃及時代，都曾出現會自己動作的發明，這些正是老祖宗製作原始型態機器人的痕跡。

古希臘時代，原始型態機器人首次登場

　　大約在西元前 400 年，住在古希臘城邦塔倫圖姆（Tarentum）的數學家阿爾庫塔斯（Archytas），運用數學原理製造出一隻木鳥，可飛行到離地面約 600 英尺（約 183 公尺）的高空。這個飛行體的飛行能力來自於壓縮蒸汽，可視為人類歷史上最早的機器鳥（robot bird）與最早的無人機（drone）。之後在西元前約 280 年，希臘科學家「拜占庭的

---

① 譯註：約合新台幣 2,445 億元。

費隆」（Philo of Byzantium）發明了原始型態的自動洗手台（washstand automaton）。

　　類似這樣的創新發明在古代已經出現，只是當時不叫機器人。機器人，這個數千年來不斷激發人類想像力的詞彙，最早出現在1920年捷克作家卡雷爾・恰佩克（Karel Čapek）的科幻文學劇本 ──《羅梭的萬能工人》（R.U.R.，Rossum's Universal Robots）。《羅梭的萬能工人》講述名叫羅梭的企業家利用人工原生質（artificial protoplasm）製造不會偷懶也不自私、只會默默工作的人造人，這個人造人就是機器人。英文的robot來自於捷克文的robota，意思是「辛苦、困難的事」。

　　之後又過了大約一千年，才有外型接近人類的類人型機器人（humanoid）出現。西元2000年，日本車廠本田汽車（Honda）推出Asimo（アシモ），是全世界第一個二足步行（以兩隻腳走路）的類人型機器人。受到日本刺激，韓國也在2004年由韓國科學技術院（KAIST，Korea Advanced Institute of Science and Technology）推出第一個二足步行

▶**阿爾庫塔斯製作的機器鳥**

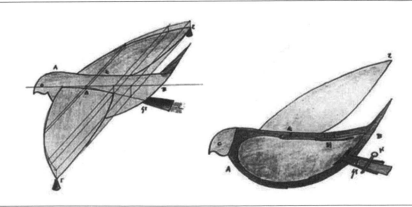

的類人型機器人 Hubo，積極與日本競爭。Hubo 的命名取自 humanoid 與 robot 二字，Hubo 的出現為韓國發展機器人學（robotics）奠定基礎。機器人學涵蓋製造機器人必要的機械特性、電子電機功能等各種軟體與硬體。

機器人產業的績優股，開啟協作機器人時代

在機器人工程與計算機工程、電子工程、機械工程等相關領域合作之下，最近開發出很多種機器人，包括前面提過的類人型機器人，以及依照不同使用目的有醫療用機器人、救災用機器人、探測用機器人等各式各樣的機器人，機器人技術已經有相當程度的進步。

產業界最近非常關心機器人的發展，因為近幾年經歷了新冠肺炎（COVID-19）全球大流行（pandemic），地球村陷入恐慌，人與人減少直接接觸的「不碰面、不接觸」文化興起，機器人成為替代方案，逐漸走入人類生活。餐廳裡由機器人為消費者製作餐點、送餐，軍隊裡由機器人負責配菜，許多事情改由機器人代勞。

企業界看中的機器人領域大致可分為兩類：工業機器人與服務機器人。其中，工業機器人又可分為原本的工業機器人（industrial robot）與協作機器人（COBOT，collaborative robot）。究竟工業機器人與協作機器人有何差異？

工業機器人如同其名，是用在工廠的機器人，通常被安裝在固定位置進行生產、加工，主要出現在製造業的工廠。協作機器人則是「與人類一起工作」的工業機器人，跟作業員之間無須設置安全柵欄，能與作業員處在相同空間工作，不但可以彌補人力不足的問題，也有助於提升

工作效率。

　　協作機器人與工廠自動化（factory automation）不同。工廠自動化可以沒有操作人員，但協作機器人必須與人類一起工作。除此之外，如果幫機器人裝上輪子，協作機器人就可以移動、擺放在工廠的任何地方。

　　簡單來說，協作機器人讓人類與機器人「可以非常接近地工作」（humans and robots are in close proximity），成就了人類與機器人在相同空間合作，如同讓作業員（人類）多了一隻手臂。由於協作機器人就在作業員旁邊協助處理任務，可以提高產品的生產力與生產速度。目前協作機器人已被應用在醫院、餐飲店等醫療與服務業領域，透過可以自主活動的特性與人類一起工作。

　　由於協作機器人不必被固定在工廠的工作檯，可在廠區內自由移動，輔助、支援任務，未來非常具有發展潛力。此外，協作機器人還能提高生產力、解決人力不足的問題，也能降低工安意外的危害。特別是在人口高齡化之後，企業面臨生產力衰退的危機，協作機器人可成為提高產業競爭力的解決方案。

協作機器人的市場規模與展望

　　協作機器人市場的未來發展性非常好。

　　韓國科技資訊研究院（KISTI，Korea Institute of Science and Technology Information）的資料顯示，2020年韓國協作機器人市場規模約5,900萬美元（約合新台幣18億元），預估2025年可增加到3億6,658萬美元（約合新台幣112億元），以年均成長率44.1％成長；2020年全球協作機器人市場規模為8億3,624萬美元（約合新台幣257億元），若以年

▶ **全球協作機器人市場未來展望**

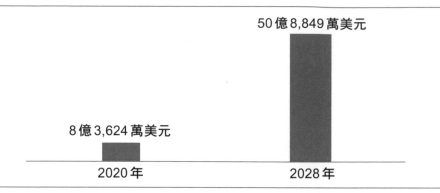

	50億8,849萬美元
8億3,624萬美元	
2020年	2028年

均成長率44.1％計算，2025年規模上看50億8,849萬美元（約合新台幣1,561億元）。

　　市調機構Interact Analysis出刊的報告書中預測，2027年全球協作機器人市場規模可達到56億美元（約合新台幣1,718億元），占整體機器人市場30％。

　　市調機構MarketsandMarkets對協作機器人市場的看法又更樂觀，認為2026年市場規模可達到79億7,200萬美元（約合新台幣2,445億元），年均成長率為41.8％。

　　因此，國內外主要業者紛紛把協作機器人視為「新一代成長動力」，積極搶攻相關市場。目前在全球協作機器人業界排名第一，市占率高達40％的業者是丹麥優傲（Universal Robots），之後依序是日本發那科（FANUC）與台灣達明機器人（Techman）。韓國市場則有斗山機器人（Doosan Robotics）、現代機器人（Hyundai Robotics）與韓華精密機械（Hanwha Precision Machinery）等業者競爭。

　　有不少人擔心，機器人產業發展會排擠人類的就業機會。從長遠的

角度來看，機器人確實有可能取代性質單純且重複性高的職業，但這種趨勢並不代表機器人會對勞工的職場造成威脅。現在已經步入高齡化社會，勞動力持續減少，「3D行業」[2] 很難雇用到人手，這時就能考慮以機器人取代人類，成為品質優良的勞動力。如果機器人的出現能提升勞動生產力，人類可利用機器人生產更多產品、發展更多服務、讓經濟規模擴大，最後還是可以達到經濟成長的目標。

---

[2] 譯註：3D是dirty、difficult、dangerous的字首縮寫，指環境骯髒、工作內容辛苦、具有高風險的行業。

02 自動駕駛、自動航行：從駕駛過程獲得解放

- 1925 年美國的「美國奇蹟」，自駕車的濫觴
- 2000 年代 Google 等科技大廠參戰，開啟「自駕車的春秋戰國時代」
- 1993 年高麗大學教授韓敏洪研究團隊發表韓國第一台自駕車
- 2030 年全球自駕車市場規模將達 1 兆 8,080 億美元[①]
- 自駕船市場規模逾 2,541 億美元[②]，成為「企業搶進」的新領域

　　大家是否想過這樣的場景？有一台汽車奔馳在道路上，雖然駕駛座上空無一人，車上的乘客依然安心地滑手機或打盹兒。光用想的就覺得很危險吧！不過現在，距離汽車不用靠人來駕駛，也能自己看路行駛的夢想已經愈來愈近。

自駕車時代揭開序幕

　　「自動駕駛汽車」也簡稱「自駕車」，自駕車的時代已經來臨。自駕車是指無須駕駛人操作，就能自主行進的汽車，英文可表示為 self-driving car、autonomous car、driver-less car 等。

---

① 譯註：約合新台幣 55 兆元。
② 譯註：約合新台幣 7 兆 1,400 億元。

　　自駕車能在無人操作之下自動行駛，必須借助各種精密的駕駛輔助裝置，例如：類似數位相機，但是利用光線運作的光學攝影機（optical camera）、利用電波偵測外在物體距離的雷達（radar）、利用雷射光辨別物體的光達（lidar）、利用超音波感測器的聲納（sonar）、利用衛星的全球定位系統（GPS）、測量行駛距離的裝置、偵測車輛位置與方向的慣性測量裝置、偵測到突發狀況便能緊急煞車的防撞系統……等。裝配在車上的高性能電腦利用這些裝置獲得各種資訊，決定車子往哪個方向走、該走多快。換句話說，自駕車利用這些資訊決定行駛方向、改變速度、往前行進。

　　除了安裝在車上的各種先進科技，物聯網（IoT，internet of things）對自駕車也是一大幫助。因為自駕車除了與道路交通系統連線之外，如果與其他車輛也有網路連線，就能在道路上更安全地行駛。

「自駕車」之夢始於1925年

　　人類很早就有一個夢，希望能有一台不必有人駕駛就能自己行駛的汽車。1925年曾有一台無人搭乘的車輛，從紐約的百老匯奔馳到第五大道。這台車利用廣播頻率驅動，被命名為「美國奇蹟」（American Wonder）。

　　美國奇蹟是由胡迪納廣播控制公司（Houdina Radio Control）製造，公司創辦人是法蘭西斯・胡迪納（Francis P. Houdina），隸屬於美國陸軍，是一位電子工程師。當時胡迪納以一台美國廠牌「錢德勒」（Chandler）的車輛進行改裝，在車上放置無線電接收器與斷路器，自己則坐在緊跟其後的另一輛車子裡，從車內發送無線電訊號促使前車前

▶1925年誕生的自駕車「美國奇蹟」

　　進。雖然這輛改裝的錢德勒車上沒人駕駛，獲得了人類歷史上第一台自駕車的封號，但是並非由車輛自己決定行駛與否，仍然必須由人類發送無線電波操縱，因此只能算是「類自駕車」。

　　1977年出現比美國奇蹟更進步的自駕車，是由日本筑波機械工程實驗室（Tsukuba Mechanical Engineering Laboratory）研發的半自動型態，車上搭載類比電腦與兩架攝影機，能在特別設計的道路上持續行駛30公里。只是這輛車的速度與技術都屬於初步階段，仍然必須有駕駛人坐在車上。

　　自駕車的研究直到1980年代才正式步上軌道。1984年隸屬於美國卡內基美隆大學（Carnegie Mellon University）的國際機器人工程中心（NREC）利用卡車改裝，發表名為Navlab的自駕車。同年，美國國防部旗下的國防高等研究計畫署（DARPA，Defense Advanced Research Projects Agency）也推出名為ALV的自駕車。1987年德國車廠賓士（Mercedes-Benz）與慕尼黑聯邦國防大學（Bundeswehr University Munich）合作，啟

動「尤里卡普羅米修斯計畫」（EUREKA Prometheus Project），開始研發自駕車。

　　由於自駕車宛如「未來汽車的明日之星」，2000年代除了汽車業者之外，Google等全球知名的科技業者也先後跨足市場，將自駕車研發帶進戰國時代。

　　到這裡我想讓各位讀者猜一猜，既然自駕車成為全球汽車業者與科技業者的「明日之星」，韓國第一台自駕車[③]何時誕生？答案是1993年。

　　1993年由高麗大學（Korea University）工業工程系教授韓敏洪（Min-Hong Han）帶領的研究團隊開發出自駕車，成功在市區的特定區間行駛。世界博覽會當年正好在韓國大田舉行（Taejon Expo '93），研究團隊利用亞洲汽車（Asia Motors）的Rocsta車款進行改裝，命名為Car-V No.1，利用設置在車上的攝影機收集影像與分析，可與前車保持一段安全距離。當時的技術雖然無法讓Car-V No.1自由變換車道，但已成功在首爾市內約17公里長的道路上自動駕駛。

自駕車市場規模上看1兆8,080億美元[④]

　　自駕車成為全球汽車業界談論未來時的話題焦點，市場規模究竟有多大呢？依照市調機構Precedence Research的資料，2020年全球自駕車市場規模為71億美元（約合新台幣2,168億元），預估能以年均成長率41％成長，2030年達到1兆8,080億美元（約合新台幣55兆元），是規模

③　譯註：台灣第一台自駕車由工研院自主研發，2019年在新竹南寮試車。

④　譯註：約合新台幣55兆元。

▶1993年由高麗大學教授韓敏洪研究團隊研發的自駕車 Car-V No.1

圖片來源：高麗大學博物館（Korea University Museum）

接近2,400兆韓元的龐大市場。由於自駕車的商機無限，除了汽車業者之外，生產各種電動車零組件的業者也對搶攻市場摩拳擦掌。

　　現代汽車集團（Hyundai Motor Group）與Kakao Mobility等韓國汽車業者、科技公司，為了分食規模上看2,400兆韓元的全球自駕車市場，積極採取行動。2023年現代汽車集團宣布，正在研發以無人自駕車為基礎的機器人計程車，期望讓這項載客服務進入商用階段。現代汽車（Hyundai Motor）則與現代Mobis（Hyundai Mobis）、KT電信（KT）、Kakao Mobility等業者合作，宣布成立「韓國自動駕駛產業協會」（KAAMI，Korea Association of Autonomous Mobility Industry），期望提高韓國自動駕駛產業的競爭力。[5]

　　除此之外，自駕公車實際在韓國市區街頭上路，也讓民眾眼睛為之一亮。首爾市政府在清溪廣場至世運商店街一代規畫出一條循環路線，試辦以自駕公車載客。車輛是由42dot製造的八人座小型自駕巴士，在總

▶ **2020至2030年全球自駕車市場規模**

（單位：十億美元）

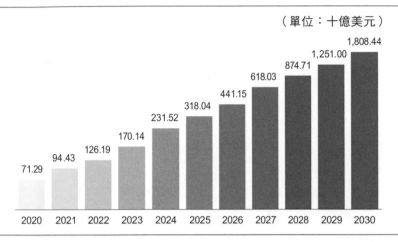

資料來源：Precedence Research

長為3.4公里的區間繞行，發車間隔為20分鐘。

　　繼清溪川自駕公車之後，2023年10月首爾市政府開闢了新路線，往返地鐵合井站—鐘路—東大門，路線總長為9.7公里，供一般市民搭乘。首爾市政府希望藉由自駕公車投入載客，解決深夜時段的大眾運輸問題。這條路線配置3輛自駕公車，從凌晨12點至隔天清晨5點行駛在中央車道，協助乘客移動。雖然清溪川路線是免費載客，但合井站—鐘路—東大門路線採取收費搭乘制度。

⑤ 編按：針對台灣自駕技術產業鏈發展，財團法人車輛研究測試中心（ARTC）在經濟部產業技術司支持下，於2018年攜手宏碁智通、聯華聚能科技及鑫威汽車工業等18家上中下游供應商組成「自駕車產業聯盟」，於2019年成功催生第一台自駕電動小型巴士「WinBus」，2023年邁向量產化。

▶**行駛在清溪川沿岸的自駕公車**

資料來源：首爾市政府

距離完全自駕車商用仍有漫漫長路

　　雖然各國汽車大廠與汽車零組件業者積極搶進自駕車市場，但若真要進入名副其實的完全自動駕駛時代，開發輔助技術之路還很漫長。

　　自駕車的技術水準從0到5，可分為六個階段。Level 0是完全沒有自動駕駛功能，必須由駕駛人握住方向盤操控車輛；Level 5無需駕駛人坐在車內，車輛就能自動行駛，也就是字面上的「全自動」階段。既然如此，世界各國汽車業者目前開發出的自駕車屬於哪個階段呢？美國汽車工程師協會（SAR，Society of Automotive Engineers）認為，目前的車輛能自動維持車道間距，屬於Level 2的自駕水準，這個階段已經完全商用，

▶自動駕駛技術分級

等級	定義	特性
Level 0	非自動 （no automation）	• 完全由駕駛人操控行駛 • 沒有自動駕駛與輔助駕駛技術
Level 1	輔助駕駛 （driver assistance）	• 由駕駛人操控行駛 • 具有多種輔助駕駛技術
Level 2	部分自動 （partial automation）	• 由駕駛人操控行駛 • 輔助駕駛系統有辨識能力
Level 3	有條件自動 （conditional automation）	• 條件許可下可由系統駕駛 • 由系統駕駛時，駕駛人仍必須注意前方路況，但無須介入控制 • 駕駛人必須隨時做好手動控制的準備
Level 4	高度自動 （high automation）	• 條件許可下可由系統駕駛 • 可在沒有駕駛人之下自動行駛
Level 5	完全自動 （full automation）	• 任何情況下都可由系統駕駛 • 可在沒有駕駛人之下自動行駛

資料來源：韓國保險研究院（Korea Insurance Research Institute）

業界正加緊腳步欲使Level 3的技術商用。現代汽車已開發出HDP自駕技術（highway driving pilot），賓士、本田汽車、富豪汽車（Volvo）等業者也已經有進入Level 3商用階段的車款。

　　自駕車技術要脫離Level 3或Level 4進入到Level 5，還有一段很長的路要走。首先，必須消除人類對自動駕駛技術的不信任感，因為自駕車與其他車輛發生追撞的交通事故目前還時有所聞。此外，若由技術已達Level 5的完全自駕車肇事，車上沒有應該負責任的駕駛人，勢必會有爭議。如果把完全自駕車引起的肇事責任歸咎給汽車業者，相信汽車業者絕對不願意再推出自駕車。因此，必須要能解決受害者的賠償問題，自

動駕駛技術也必須更精進，自駕車的出現才能為消費者與汽車業者帶來雙贏。

　　將來若技術達到 Level 5 的自駕車上市，駕駛人就算沒有駕照也能開車，如此一來，年輕人或高齡者也可能購車。自駕車的銷售量增加，可為汽車業者帶來更高的營收與利潤。

規模上看 2,541 億美元⑤的自駕船市場悄悄開啟大門

　　自動駕駛技術不但可用在汽車上，現在也能應用在船上，讓船成為「自駕船」。自駕船用英文表示為 autonomous cargo ships、autonomous container ships、maritime autonomous surface ships（MASS）等。國際海事組織（IMO，International Maritime Organization）將自駕船定義為「依自動化程度分成多個階段，在無人干涉之下可獨立運作的船隻」。換句話說，自駕船是在原本的船舶上搭載高科技感測器、智慧型技術、資通訊（ICT）設備，無需人員介入就能自動航行的船隻。換句話說，自駕船必須搭載人工智慧（AI）、虛擬實境（VR）、機器人工程、物聯網等先進技術，才能依照船隻所在位置及各種航海資訊，分析潮汐變化、海浪高度，以及颱風等預料外的海象。

　　自駕船的自動化程度可像自駕車一樣，依照技術水準與系統能力分為四個階段。

　　自駕船與其他行業的經濟效益值得期待，因為除了船舶系統必須精進發展，港口、物流、通訊、資安等，與造船及海洋有關的各行各業技

---

⑤ 譯註：約合新台幣 7 兆 7,700 億元。

▶**自駕船的自動化分成四階段**

階段	項目	內容
第一階段	支援水手進行決策 （AAB，autonomy assisted bridge）	幫助水手做決定，扮演輔助角色
第二階段	水手登船進行遠距離操控 （PUB，periodically unmanned bridge）	船隻雖然具備遠距離操控功能，仍然必須有水手登船，以備系統發生故障或緊急狀況，由水手直接應對
第三階段	水手不登船（僅最少人員登船） 遠距離操控與機械自動化 （PUS，periodically unmanned ship）	水手不登船，自動化進行遠距離操控、故障預測與診斷
第四階段	在無人之下完全自動航行 （CUS，continuously unmanned ship）	所有航海過程可在沒有船員之下進行，自動判別狀況，自動採取必要控制

資料來源：韓國保險研究院

術也必須提升。特別是在航運產業，自駕船的出現有助於解決人力短缺問題，加上採用人工智慧等先進技術，可分析出最佳航線，獲得節省燃料成本的效果。

　　自駕船的未來發展相當被看好。根據韓國海洋水產部（Ministry of Oceans and Fisheries）的資料，2015年自駕船市場規模約544億美元（約合當時新台幣1兆6,650億元），2030年有機會成長到2,541億美元（約合新台幣7兆7,700億元）。

　　在全球自駕船領域，目前領先的國家是挪威及日本。2011年11月挪威率先發表名為亞拉伯克蘭號（Yara Birkeland）的自駕貨輪，日本也在2022年1月讓名為「MV Mikage」的自駕貨輪投入遠洋航線。

03 超級高鐵：從首爾到釜山不用30分鐘

- 搭乘「超級高鐵」從首爾到釜山只要16分鐘
- 羅伯特・戈達德被稱為「設計超級高鐵的創始人」
- 時速達 1,200 公里的韓國型超級高鐵「Hyper Tube」受關注
- 超級高鐵商用將掀起人類的交通革命

　　以極短時間完成長距離的交通移動，一直是人類夢寐以求的願望。雖然再怎麼快也不可能追上光速在 1 秒鐘內繞行地球七圈半（30 萬公里），如果能搭乘速度很快的交通工具縮短乘車時間，這種感覺依然不錯。早在十八世紀就有把人類放入大口徑氣送管（pneumatic tubes）快速傳輸的構想，概念類似把文件放進膠囊形狀的容器，利用氣送管與壓縮空氣的力量，將文件傳輸到其他地點。

喬治・麥德赫斯特與羅伯特・戈達德追逐的「超級高鐵」之夢

　　英國機械工程師暨發明家喬治・麥德赫斯特（George Medhurst）應該是最早構思超級高鐵的人，因為麥德赫斯特在 1799 年取得一項專利，是將貨物放進水管裡傳送。1812 年麥德赫斯特曾在一本書中寫到，可利用空氣推進力（air propulsion）與密閉水管運輸人與貨物。這個構想一出

隨即引發關注，麥德赫斯特發明的技術後來成為超級高鐵的雛形。

　　超級高鐵（hyperloop）一詞來自於高超音速（hypersonic）與迴圈（loop）二字，特徵是讓列車在降低空氣阻力的真空管內快速行進。換句話說，就是在幾乎沒有空氣阻力的真空狀態（大氣壓力為0.001毫巴）下，讓磁浮膠囊車廂以超高速度在真空管內移動的交通運輸。

　　就在麥德赫斯特提出的「超級高鐵」概念驚豔世人之後，沒多久英國出現新概念的貨物運輸，是利用軌道與列車之間形成的真空，以氣壓讓火車移動。1845年建造的倫敦與克羅伊登鐵路（the London and Croydon Railway）就是這種氣壓鐵路。雖然倫敦與克羅伊登鐵路的營運只維持了短短兩年，1847年就宣布結束，但在推動過程帶來不少經濟效益，也帶動其他國家的發展意願。

　　隨後的1850年，在愛爾蘭首都都柏林與法國巴黎，出現以氣壓作為推動力的貨運列車，可惜這兩個城市的鐵路發展遭遇技術瓶頸，同樣只維持幾年就宣告失敗。1860年代中期，英國倫敦南部也有氣壓鐵路，在水晶宮公園（Crystal Palace Park）行駛。這條鐵路上設置了高度為22英尺

▶喬治‧麥德赫斯特為「超級高鐵」申請專利

▶羅伯特‧戈達德與液
體燃料火箭

（6.7公尺）的大型螺旋槳，利用螺旋槳轉動產生的壓力使火車前進。希望火車倒退時，將螺旋槳以反方向旋轉，產生的反向壓力便可把列車從隧道裡吸出。

目前為止的介紹都還停留在超級高鐵的初期階段，一直到美國物理學家暨火箭發明家羅伯特‧戈達德（Robert Hutchings Goddard）出現，超級高鐵才能行駛比較長的距離。1909年戈達德發表主題為〈捷運系統的限制〉（The Limit of Rapid Transit）的論文，內容提到從波士頓到紐約僅需12分鐘的列車。地理上，波士頓到紐約距離214英里（約344公里），若列車時速為100公里，大約得花上四小時才能抵達。之後，戈達德在1914至1916年間提出火箭飛行基礎論，並以小型固體燃料火箭進行試射，1926年更進一步，發射人類歷史上第一枚液體燃料火箭。

雖然戈達德的遠大夢想最後並未實現，但戈達德的研究計畫蘊含了類似「磁浮列車」（levitating pods）、「真空管」（vacuum-sealed tube）的超級高鐵概念。因此，特斯拉（Tesla）執行長伊隆‧馬斯克（Elon Musk）尊稱戈達德為超級高鐵的創始人。

伊隆‧馬斯克與理查‧布蘭森繼續發展「超級高鐵」

由喬治‧麥德赫斯特與羅伯特‧戈達德點燃的超級高鐵之夢，目前依然是現在進行式。在這兩位發明家之後，法國科學家吉恩‧貝爾丁

（Jean Bertin）曾推動「氣墊列車計畫」（Aérotrain），美國真空運輸管全球聯盟（ET3 Global Alliance）也曾發表更進步的技術。雖然這兩項技術最後都沒能進入商用階段，但特斯拉執行長伊隆・馬斯克從戈達德的挑戰精神獲得靈感，也決定挑戰研發超級高鐵。

　　2012年馬斯克初次透露自己對超級高鐵的構想，隔年8月以長達57頁的技術文件公開超級高鐵的細節設計，讓超級高鐵再次吸引世人關注。在馬斯克公開的技術文件中，出現了密閉的膠囊圖形，這個膠囊車廂可搭乘28名乘客在空中漂浮。

　　難免會有人認為，馬斯克的超級高鐵計畫是天馬行空的無稽之談。千萬別忘了，馬斯克創辦了全球最大的電動車公司特斯拉，擁有太空探索技術公司（SpaceX，Space Exploration Technologies），累積相當多尖端技術，SpaceX甚至可將已經發射過的火箭回收再利用。或許就是因為擁有如此頂尖的技術能力，馬斯克才會在2012年提出超級高鐵的想法，希望人類能以如同協和號客機（Concorde）的超音速在地面上奔馳。協和號客機在距離地表1萬8,000英尺的高空，最高速度可達到2.04馬赫（mach），大約是時速2,200公里。

　　2015年馬斯克公開超級高鐵的膠囊列車設計，並且命名為Pod。膠囊形狀的Pod列車比鋼鐵堅固10倍，重量卻只有鋼鐵的五分之一，以高科技材料打造成雙層結構，具有優異的耐用性。Pod列車利用氣壓的壓力差驅動，最高速度可達每小時1,200公里，與音速不相上下。將來若這項技術進入商用階段，從首爾到釜山（距離約400公里）只需要16分鐘就能在轉眼間移動。

　　有了Pod列車能音速行駛，2021年3月31日美國科技公司Hyperloop Transportation Technologies（以下簡稱HTT公司）發表適合超級高鐵使

▶ 馬斯克的超級高鐵列車 Pod

用的月台、隧道等基礎設施設計。阿拉伯聯合大公國（UAE）正在建設「杜拜到阿布達比」總長約10公里的鐵路，預估總長度約32公尺、重量約5公噸的Pod列車未來會在此區間行駛。

若HTT公司能在阿拉伯聯合大公國成功試車，2023年已在美國動工的超級高鐵設施可望採用相同技術。若超級高鐵技術能進入商用階段，HTT公司將優先建設從美國「俄亥俄州克里夫蘭至伊利諾州芝加哥」總長約506公里的路線，屆時往來兩地只需要花31分鐘，HTT公司希望這條路線每天可載運16萬4,000名乘客。

維珍集團（Virgin Group）董事長理查・布蘭森（Richard Branson）也不甘示弱，積極研發載貨用「維珍超級高鐵」。不同於前面的超級高鐵是以載客為目的，維珍超級高鐵是要用來運輸貨物，希望達到像飛機一樣快的運輸速度，成本卻能跟貨車一樣低廉。

杜拜環球港務（Dubai Ports World）是杜拜的國營物流公司，與布蘭森合作投資發展維珍超級高鐵，成為維珍超級高鐵的大股東。2020年維

▶維珍超級高鐵的施工現場

資料來源：維珍集團

珍超級高鐵進行測試，成為世界上最早有人員搭乘的超級高鐵。雖然測試時的車速僅時速172公里，但仍為時速落在1,200至1,300公里的超級高鐵進入商用帶來希望。維珍超級高鐵預計2026年在沙烏地阿拉伯等中東地區建造第一條路線後，利用這條路線的營運獲利，2030年推出載客用超級高鐵系統。

　　超級高鐵之夢雖然由馬斯克、HTT公司、布蘭森持續推動，但這些具有雄心壯志的研發計畫都還沒進入商用階段。將來若超級高鐵真正完工通車，勢必對人類的物流系統與交通系統帶來超乎想像的技術革命。

韓國也有「夢想的交通工具」，搭「Hyper Tube」從首爾到釜山免30分鐘

　　除了美國之外，其他國家也持續研發超級高鐵。歐盟（EU）發表「EU Network Project」，將超級高鐵的商用化目標訂在2029年，目前正在

建設長度約2.5公里的區間，準備用來試車。日本的超級高鐵路線預定往返東京到名古屋，以時速500公里的磁浮列車運行，開通目標暫訂2027年。

　　世界主要國家都在積極發展超級高鐵，韓國當然也不能例外。韓國設計的超級高鐵叫作「Hyper Tube」，是在空氣阻力趨近於零的真空管內，利用磁力讓列車浮起，以時速1,200公里高速行駛。韓國鐵道技術研究院（Korea Railroad Research Institute）從2009年開始進行這項研究，比馬斯克提出超級高鐵的構想還早四年，目標在大氣壓力為0.001毫巴（接近真空的狀態）的管內，讓列車以時速1,200公里（接近音速）行駛。將來如果這班列車投入運輸，從首爾到釜山不用30分鐘。在路線設計上，若以大田作為中心，使大田成為各路線的交會點，首爾—大田、束草—大田、光州—大田、釜山—大田就會形成X形的交通網絡，屆時民眾只要花30分鐘就能到達韓國各地。2020年韓國鐵道技術研究院利用比例為

▶**韓國的超級高鐵「Hyper Tube」**

資料來源：韓國鐵道技術研究院

十七分之一的縮小模型進行測試，成功達到時速1,019公里。

　　看了這麼多超級高鐵的發展案例，為什麼各國積極研發呢？

　　如同先前說明，超級高鐵是利用「接近真空狀態」的管子（降低空氣阻力的真空管）快速運輸人或物品，常被稱為「夢想的交通工具」，列車大都設計成磁浮式膠囊車廂。當列車在真空狀態下行駛，因為不受空氣阻力影響，能非常迅速移動。換句話說，超級列車可說是利用真空狀態與氣壓的「音速磁浮列車」。

　　將來如果業界能商用超級高鐵技術，不論是人或物品，屆時都能以時速1,200公里飛快移動。除此之外，超級高鐵在行駛過程不會排放廢氣，行駛所消耗的能源比飛機少10％，建設成本大約是普通高鐵的一半，若再搭配高科技自動駕駛系統，將是非常具有安全性與準確性的大眾交通工具。

　　既然如此，超級高鐵的市場規模是多少呢？市調機構Marketsand-

▶ **全球超級高鐵市場規模**

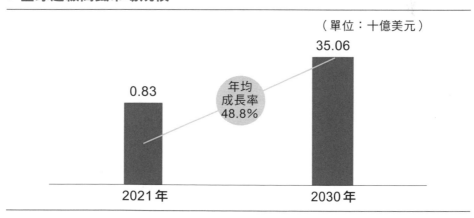

資料來源：Verified Market Research

Markets 預測，2026 年超級高鐵市場規模約 63 億 4,000 萬美元（約合新台幣 1,947 億元）。韓國業界預估，開發出超級高鐵的技術後，未來五十年內超級高鐵市場將占整體運輸市場 25%；若將超級高鐵的技術外銷至其他國家，可創造經濟價值約 250 兆韓元（約合新台幣 6 兆元）。韓國學界對超級高鐵的市場發展又抱持更樂觀的態度。一篇收錄在韓國學術期刊《KoreaScience》，題目為〈各大陸之間超高速鐵路系統研發計畫研究〉（대륙간 초고속철도시스템 개발사업 기획연구）的論文預測，未來全世界超級高鐵市場規模將超過 2 京 3,000 兆韓元（約合新台幣 550 兆元）。

　　超級高鐵進入商用階段時，確保乘客安全是必須解決的問題。由於超級高鐵的行駛速度極快，若發生故障，恐怕引發大規模交通事故。加上鐵道是由真空狀態的長管連結而成，列車內若臨時有急診病患，可能無法迅速應變。即便如此，大家在看待這個會對未來交通掀起革命的交通工具時，無須過度強調超級高鐵的負面問題。因為若超級高鐵進入商用化，絕對不會只建置在特定國家，一定也會連接鄰近國家，縮短國與國之間的距離，讓地球成為名副其實的「地球村」。

04 ChatGPT：回歸人類生活的人工智慧

- ChatGPT 上市五天突破百萬會員，兩個月達到一億會員
- OpenAI 開發的 AI 模型「GPT-3.5」成為語言技術的基礎
- 利用詞彙之間的關係，具備與人類自然對話的能力
- 若誤用錯誤資訊，會有捏造事實的「幻覺」問題
- 未來 25 年內 AI 能處理人類 80％ 的事情，但無須太過恐慌

　　最近有個主題在全世界受到非常熱烈的討論，那就是 ChatGPT。ChatGPT 是英文「chat generative pre-trained transformer」的縮寫。

　　美國人工智慧業者 OpenAI 在 2022 年 11 月 30 日推出名為 ChatGPT 的技術之後，短短五個月內，便吸引到超過一百萬名使用者註冊為會員。與同樣都是取得一百萬名會員的業者相比，串流媒體業者網飛（Netflix）耗費三年又六個月，社交媒體業者 Facebook 花了大約十個月，Instagram 則是兩個半月，相形之下，OpenAI 的績效簡直無與倫比。不僅如此，2023 年 1 月，也就是 ChatGPT 上市大約兩個月時，會員數已經突破一億，刷新了世界紀錄。先前成長速度最快的是社交媒體 TikTok，費時九個月才募集到一億名會員，ChatGPT 在全世界受關注的程度可想而知。

　　ChatGPT 的魅力在哪裡，為何能像 TikTok 一樣這麼有人氣？ChatGPT 在一般人工智慧裡加入了聊天功能，能與人類自然對話（文字對話），如同專門負責對話的 AI 機器人（聊天機器人）。

▶**突破一百萬名會員花費的時間**

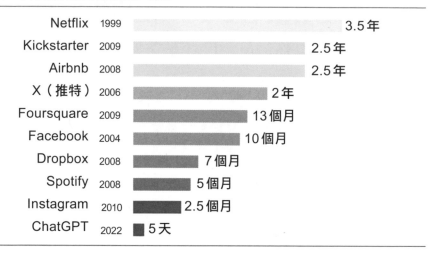

資料來源：彙整各家業者資料

　　ChatGPT是OpenAI運用大型AI模型「GPT-3.5」語言技術開發的產物，能對詞彙結構做數學分析，透過事先學習（pre-trained）具備生成對話（chat generative）的功能。下面做進一步說明。

　　所謂的「生成式」（generative），意指可以產生（生成）文字（text）的能力。「事先學習」（pre-trained）則是讓ChatGPT事先學習龐大的文

▶**GPT 的演進**

資料來源：OpenAI

字資料（a large corpus of text data），以具備與人類對話（chat）的能力。因此，ChatGPT能自然地以文字回覆人類提出的問題，寫出各種內容。

AI與ChatGPT的差異

我想用個問題考考各位，一般AI與ChatGPT有什麼差異？

一般AI是使用者輸入資料之後，針對資料進行分析，產生使用者期望的客製化內容。ChatGPT則是利用已經輸入的資料，經由AI與人類直接進行文字溝通。換句話說，ChatGPT利用AI自主學習的內容（演算法），一邊與人類對話，一邊產生人類期望的內容。ChatGPT能產生的內容除了文字之外，也能是圖片、影像、程式編碼等類型，甚至能寫出一篇完整的新聞報導。

ChatGPT能像這樣發揮差異化的能力，主要是因為有深度學習（deep learning）演算法 —— 大型語言模型（LLM，large language model），才能運用已經學習的知識產生文字與圖形。換句話說，ChatGPT運用大型語言模型分析人類的文字，再以文字回答進行對話，同時也預測人類可能提出的問題，對此提供答案。舉例來說，當使用者輸入「冬天天氣」的時候，ChatGPT可能會用「很冷」接話，這就是利用同一句話裡面，單字之間的相互關聯性。

如同前面所述，ChatGPT利用文句裡的單字順序、關聯性來學習，再藉由龐大的資料庫反覆加強練習，並且在對話過程中修正有問題的部分，引導出更精準的對話。這種透過與人類對話來修正模型的過程稱為「人類反饋的強化學習」（RLHF，reinforcement learning from human feedback）。

　　由於ChatGPT運用AI的龐大資料直接與人類文字對話，產出人類想要的圖片，使AI比以前更接近人類的感性。談到這裡我想起歷史上轟動一時的圍棋競賽，結局是電腦打敗人腦：2016年Google子公司「DeepMind」推出AI圍棋程式AlphaGo，韓國棋王李世乭在與AlphaGo的對弈之中落敗。

山姆・阿特曼帶領的「OpenAI」大放異彩

　　OpenAI除了ChatGPT之外，也曾推出AI語言模型「GPT-3」、可把文字轉換為圖形的「DALLE 2」、多國語音辨識系統「Whisper」等，是AI技術的研究機構。ChatGPT則是OpenAI將GPT-3進階發展的產物。

　　OpenAI創立於2015年12月10日，總部位在美國舊金山，網羅了世界頂尖的科學家與企業家，執行長由山姆・阿特曼（Sam Altman）擔任。由阿特曼與AI科學家伊爾亞・蘇茨克維（Ilya Sutskever）、OpenAI總裁格雷格・布羅克曼（Greg Brockman）、電腦科學家沃伊切赫・薩倫巴（Wojciech Zaremba）、特斯拉執行長伊隆・馬斯克、AI科學家約翰・舒爾曼（John Schulman）、電腦科學家安德烈・卡帕斯（Andrej Karpathy）等七人共同創辦。但2018年馬斯克告別OpenAI，專注於發展自駕車的AI。

　　2023年4月（撰寫本書此刻）OpenAI由總裁格雷格・布羅克曼、執行長山姆・阿特曼及技術長（CTO）米拉・穆拉蒂（Mira Murati）一起營運公司。微軟（Microsoft）了解AI的重要性，2019年對OpenAI投資100億美元（約合新台幣3,071億元），2023年又追加投資100億美元，總共取得49％的股份，成為OpenAI的大股東。

ChatGPT獲得爆炸性人氣的背景

這股由ChatGPT帶動的旋風，加深各界對AI的關注。但嚴格說來，在ChatGPT成為熱門話題之前，AI早已深入人類的日常生活。以智慧型手機為例，上面的指紋辨識與人臉辨識功能就是運用AI。智慧型手機因為搭載了「生物辨識」的AI技術，所以能比對使用者的指紋或臉部影像，判斷是否解除鎖定。

ChatGPT在產業界也蔚為風潮。ChatGPT除了與人類進行文字對話之外，舉凡翻譯、寫論文、作詞與作曲等，先前被認為是人類固有領域的範圍，ChatGPT的應用也無所不在。業界甚至認為，2030年就會出現利用ChatGPT等AI技術製播（劇情與影像）的賣座鉅片。除此之外，AI技術在醫藥品設計、材料工程、半導體設計、資料生成等領域的應用也值得期待。微軟創辦人比爾‧蓋茲（Bill Gates）表示，ChatGPT是1980

▶2019年與2024年全球聊天機器人市場規模比較

（單位：美元）

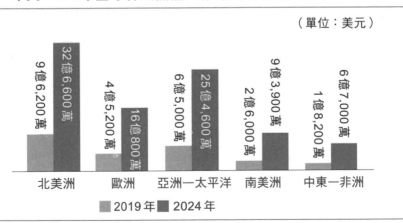

北美洲　　歐洲　　亞洲─太平洋　　南美洲　　中東─非洲

2019年：北美洲 9億6,200萬；歐洲 4億5,200萬；亞洲─太平洋 6億5,000萬；南美洲 2億6,000萬；中東─非洲 1億8,200萬

2024年：北美洲 32億6,600萬；歐洲 16億800萬；亞洲─太平洋 25億4,600萬；南美洲 9億3,900萬；中東─非洲 6億7,000萬

■ 2019年 ■ 2024年

資料來源：Reogma

年繪圖使用者介面（GUI，graphical user interface）問世以來，最重要的創新技術，未來AI會改變所有產業，對人類的工作、溝通、旅遊、教育、健康等所有領域帶來改變。

ChatGPT 的限制與爭議

雖說ChatGPT對未來會造成許多改變，但ChatGPT並非萬能，不可能每次都對人類的提問給出最正確的答案，有時系統也可能發生故障。目前大家知道的ChatGPT只學習到2021年底收集的資料，缺乏2022年以後的最新資訊。未來ChatGPT應該有辦法克服這個問題，提升對話能力。[①]

再來是有關智慧財產權的部分，ChatGPT侵害智慧財產權的爭議也不容忽視。因為ChatGPT是拿已經產出的各種內容作為學習材料，依照使用者的要求提供結果，一不小心就容易引起法律或倫理問題。

除此之外，由於ChatGPT並非使用最新資訊產生使用者需求的內容，過時資訊會造成ChatGPT發生AI「幻覺」（hallucination），提供錯誤或捏造的回答，這點也是使用ChatGPT必須留意的。

[①] 編按：2023年OpenAI為ChatGPT支援外掛服務，和多個外部網站合作，授予其訪問第三方數據庫的權力；自身也開發出網路瀏覽器（Browsing）等擴充外掛，讓ChatGPT擁有連接網路和從中提取數據的權力，代表ChatGPT已經突破原先無法回應即時消息的限制。

ChatGPT是否會引發「二十世紀的盧德運動」?

2023年3月14日OpenAI發表新版ChatGPT，搭載「GPT-4」。回想搭載「GPT-3.5」的ChatGPT才剛在2022年11月30日上市，相隔僅四個多月，OpenAI立刻又有新技術。隨著ChatGPT的功能日益強大，有意採用這項技術的業者也愈來愈多，包括社交媒體業者Facebook的母公司Meta在內，加拿大電子商務平台業者Shopify、美國網路生活雜貨宅配公司Instacart等，紛紛表示想導入ChatGPT的功能。[②]

隨著ChatGPT以最先進的AI姿態強勢登場，不禁讓人擔心ChatGPT是否會威脅人類的工作機會。昇陽電腦（Sun Microsystems）曾開發出電腦程式語言「Java」，其共同創辦人維諾德・柯斯拉（Vinod Khosla）認為，未來25年內，人類有80％的工作會由AI處理。投資銀行高盛（Goldman Sachs）則預測，ChatGPT將使美國與歐洲減少3億個職缺。英國《金融時報》（*Financial Times*）也提出警告，企業導入AI之後，最可能被解雇的職業是律師與一般行政人員。

回顧科技發展歷程，每當有非常先進的科技出現在人類生活，總是讓人既期待又怕受傷害，英國的工業革命就是最典型的例子。當時民眾因為擔心工業革命會造成大量失業，甚至發起盧德運動（Luddite Movement）。十八世紀末至十九世紀初，一些反對紡織產業工業化的勞工聚集在工廠周圍，伺機破壞紡織機，因為帶頭的發起人名叫內德・盧德（Ned Ludd），事件被稱為「盧德運動」。如同工業革命在當時引

---

② 編按：2024年5月OpenAI推出了GPT-4的更新版本，稱為GPT-4o（「o」代表「omni」），GPT-4o能處理文字、語音和圖片等多種輸入形式，提供更豐富的互動體驗、高精度理解與個性化互動，功能更為完善。

發盧德運動，ChatGPT對於現代，也是資訊社會裡人類面臨的引爆點（tipping point）。

歷史上，資本主義對自動化推波助瀾，造就新科技不斷出現，新科技又為人類帶來新的就業機會，這點是不爭的事實。十九世紀初美國的紡織業開始導入自動化設備，雖然造成98％勞動機會消失，但是因為紡織業進入自動化，衣服價格變便宜，消費者的購買量增加，最後反而使從事紡織業的勞工人數增加4倍。有鑑於此，我試著對ChatGPT提問：「聊天機器人出現，是否會造成大規模失業？」ChatGPT對我的回答如下：

「涉及到有人類情感交流與互動的工作，例如：客戶服務、社會公益、教育等，不太可能被自動化取代。因為這些領域必須富有同理心及人際接觸，無法由機器人代勞。」

因此，新科技問世雖然會造成某些領域的就業機會減少，但也會創造出運用新科技的工作機會，成為開發更新科技的助力，最終還是會讓人類的生活更方便、更富裕，這一點我們也不該忘記。

05 Web 3.0：使用者對資訊的擁有與分享

- 泰德‧尼爾森質疑「線性敘事」，提出「WWW」的概念
- Web 1.0，目的是網路存取與搜尋
- Web 2.0，「使用者參與型網頁」，加強與使用者互動
- Web 3.0，期望由個人對資料的擁有與管理，創造「平等的網路世界」

　　Web 3.0是最近在資通訊領域經常被提及的名詞。但在學習Web 3.0之前，先一起來認識什麼是「Web」。

　　Web是「全球資訊網（World Wide Web）」的縮寫，常被標記為「WWW」，是能開啟各種文件、影片等多媒體的網路。如同字面上看起來有「全世界（world）規模的（wide）網路（web）」，全球資訊網利用「超文本」（hypertext）技術，在「資訊汪洋」之中找出許多資訊。

　　超文本（hypertext）是結合「hyper」（超前、超越）與「text」（文字材料）的詞彙，來自1963年美國資訊工程專家泰德‧尼爾森（Theodor Holm Nelson）發表的概念。尼爾森對人類閱讀書籍或文件、接觸資訊時，由上而下或從頭讀到尾的線性敘事（linear narrative）提出質疑。線性敘事是讀者依照既定順序閱讀書籍或文件獲得資訊的方式，但尼爾森認為，如果在閱讀過程可同時接觸不懂的內容或特別有興趣的資訊，就能獲得更詳細的資訊。經過一番苦思，尼爾森想出的辦法就是超文本。超文本在讀者獲得資訊的過程，可有效率地增加說明或插入

相關資訊。

　　尼爾森為了讓超文本能付諸實現，推動「仙那杜計畫」（Project Xanadu）。仙那杜有「世外桃源」（an idealized place of great or idyllic magnificence and beauty）之意，也可說是「烏托邦」或「桃花源」。仙那杜計畫希望把世界上所有的資訊收集起來，使資料相互連結成「資訊的烏托邦」。後來任職於瑞士日內瓦歐洲核子研究中心（CERN，Conseil Européen pour la Recherche Nucléaire）的英國電腦工程師提姆・柏內茲—李（Sir Timothy John Berners-Lee）加入仙那杜計畫，終於在1989年開發出網路的基礎 —— 全球資訊網路。

Web 1.0

　　全球資訊網路借助超文本的力量誕生之後，開啟了「Web 1.0」時代，人類可以在網路上使用影片等各種多媒體檔案。1989至2004年常被稱為Web 1.0時代。

　　Web 1.0主要用來網路連線與搜尋，也就是一般使用者可存取已經被放上網路的資訊。換句話說，在Web 1.0時代（搜尋與超連結），使用者只能瀏覽網站管理員提供的資訊，當時主要使用雅虎（Yahoo）、Google等入口網站。

Web 2.0

　　Web 1.0在全世界廣受歡迎之後，隨即開啟了Web 2.0時代。Web 2.0這個詞是網頁設計師達西・迪努奇（Darcy DiNucci）在1999年接受《支

離破碎的未來》（*Fragmented Future*）雜誌專訪時首次提到。迪努奇在專訪中談論Web 2.0的意義，並且分析Web 2.0對人際關係可能產生的影響。迪努奇強調，當Web 2.0普及時，會在人際溝通開啟新的典範轉移（paradigm shift）。

迪努奇提到的Web 2.0概念，後來在2004年舉行的「Web 2.0高峰會」（Web 2.0 Summit）上，由戴爾・多爾蒂（Dale Dougherty）與提姆・歐萊禮（Tim O'Reilly）具體化。多爾蒂是全球交流平台公司Maker Media的執行長，歐萊禮是歐萊禮媒體（O'Reilly Media）的創辦人。

Web 2.0常被稱為「（使用者）參與型網頁」（participative web）或「社交網頁」（social web）。因為Web 2.0可由使用者直接產出資訊，進行雙向溝通，具有「開放、參與、分享」的特性，使用者可以直接閱讀網站資訊，也可以直接寫入資訊。簡單來說，Web 1.0是由網頁管理員單方面提供資訊，Web 2.0是使用者握有製造資訊、提供內容的鑰匙。

最具代表性的Web 2.0應是部落格（blog）與用戶原創內容（UCC，user created contents），社交網路平台YouTube與Facebook當然也屬於Web 2.0。Web 2.0的重點在於必須是開放式運作，讓使用者積極參與內容製作。

Web 3.0

進入Web 3.0之前，我想對Web 1.0與Web 2.0再做一次簡單的整理。Web 1.0特徵是「只能閱讀」（read only），與全球資訊網的誕生互相契合。Web 2.0出現在2000年代，特徵是「能讀也能寫」（read & write），使用者可生成內容，內容提供者與消費者可藉由Web 2.0進行溝

通。至於在網頁上提供創作內容帶來的獲利,這部分由創作者取得。那Web 3.0又是什麼?

Web 3.0是使用者對網路資訊能讀也能寫,甚至還能擁有,進入「能讀、能寫、能擁有」的時代。簡單來說,消費者不但能創造內容,也可以擁有內容的所有權,獲得相對的金錢報償。這裡必須對Web 3.0的「擁有」概念做進一步探討。

Web 1.0至Web 2.0都必須以網頁作為媒介,Web 3.0無須經過中間媒介,就能把個人擁有的資料傳給其他人,如同以往中央集權式的資料結構消失,變成是個人擁有資料,而且可以交易。Web 3.0的這種特性被稱為「去中心化」(decentralization),跳脫原本介在中間的平台。若要更具體說明,去中心化是把資料交給使用者分散保管,由使用者直接管理。因此,Web 3.0是使用者個別擁有內容,可利用這些內容賺取獲利。這種方式可避免扮演中央集權機構的企業或機關隨便對待資料,透過個人直接擁有資料、管理資料,在網路世界追求平等。

在去中心化的影響之下,資料的擁有與管理從企業變成個人,「語

▶Web 1.0、Web 2.0與Web3.0**的差異**

項目	Web 1.0	Web 2.0	Web 3.0
功能	只能閱讀	可閱讀也可寫入	可閱讀、可寫入,也能擁有
存取方式	個人電腦	平台	區塊鏈
使用方法	網路連線與搜尋	創作內容	擁有資料與交易
代表範例	入口網站	社交網路平台(SNS)	NFT(非同質化代幣)、DAO(去中心化自治組織)

意」（semantic）功能的重要性逐漸增加。語意有「意思與關聯」之意，可對網頁上的內容進行意思與關聯性分析，對使用者提供客製化資訊，帶動「語意技術」發展。這種具有語意技術的網頁稱為「語意網」（semantic web），語意技術是適合個人化網路環境的基礎技術。「去中心化」與「語意網」讓 Web 3.0 增加了資料加密的功能，藉由個人直接擁有並管理資料，可做到安全與匿名的特性。

要從事 Web 3.0 的應用，必須搭配多項技術，例如：區塊鏈（blockchain）、非同質化代幣（NFT）、元宇宙、人工智慧、雲端技術等。區塊鏈在透過虛擬貨幣交易時，有防止被駭客入侵的功能；NFT是利用區塊鏈技術證明數位資產所有權人的虛擬代幣；元宇宙宛如真實世界，是由社會、經濟、文化活動形成的三度空間虛擬世界；雲端是利用網路連線，把資料儲存於中央電腦，只要能上網，任何時間、任何地點，都能使用儲存在雲端的資料。這裡我對這些技術暫時只做上述的簡單介紹，後面章節會有更詳細的說明。

06 6G：太空網路時代來臨

- 1G，摩托羅拉開發的「DynaTAC」，全球第一支行動電話
- 2G，三星電子與樂金電子加入戰局，與摩托羅拉爭搶市場
- 3G，開啟有多媒體功能的「智慧型手機」時代
- 4G，「能一手掌握的智慧型手機」開啟新紀元
- 5G，展現AR、VR、遠距醫療等新功能
- 6G，進入「太空網路」時代

　　最近幾十年，行動通訊領域出現讓人眼睛為之一亮的發展。從行動通訊（mobile communications）的字面上來看，是一種能讓使用者不論身處何處，都可不受固定場所（辦公室或居家）的限制，一邊改變位置一邊與他人通訊的系統。最早，行動通訊只能用聲音聯絡，現在因為科技發展，透過行動電話已經可從事各種通訊與多媒體功能。一起來看看行動通訊的發展過程。

1G「黑金剛手機」vs. 2G「數位通話」vs. 3G「智慧型手機」時代

　　第一代行動通訊（1G，1st Generation）是語音傳輸技術，由於只能進行語音通話，也被稱為「類比式行動通訊」。當時為了進行聲音傳輸，使用類比的頻率調變。類比技術雖然可以傳輸聲音，品質卻不算

好，通話時經常伴隨雜音，讓許多使用者不甚滿意。

　　1983年美國率先進入1G技術商用之後，韓國也在1984年宣布啟動行動通訊服務。韓國第一支採用1G技術的行動電話是在1988年7月1日上世，時間正巧是第24屆夏季奧運（1988年9月17日至10月2日）在首爾舉行的前兩個月，是由美國科技大廠摩托羅拉（Motorola）推出的產品「DynaTAC」。[①] DynaTAC行動電話的出現，顛覆了只能在家或在電話亭裡講電話的通訊方式，現在只要一機在手，到任何地方都能接電話或打電話，這也是「手機」（handphone）名稱的由來。

　　由於DynaTAC手機的體積很大，重量也很重（771公克），加上機身又是黑色，因此被稱為「黑金剛」或「大哥大」。對照2023年三星電子（Samsung Electronics）推出的智慧型手機Galaxy S23重量只有167公克，一支黑金剛手機的重量幾乎等於4支Galaxy S23。此外，黑金剛手機必須充電長達10小時，才

▶摩托羅拉「DynaTAC」行動電話

資料來源：摩托羅拉

能維持大約30分鐘通話，通訊錄的儲存容量也只能接受30組號碼。即便如此，當年黑金剛手機在韓國的售價大約400萬韓元（約合當時新台幣16萬元），若再加上申辦門號必須繳交的雜項費用約60萬韓元，擁

---

① 譯註：台灣交通部電信總局也在1989年引進摩托羅拉DynaTAC行動電話。

有一支黑金剛手機的成本幾乎可以買一台小型車。過高的金額讓黑金剛在韓國上市的第一年銷售量不到800支，但三十年前這支行動電話就如同「財富與地位」的象徵。

在1G行動電話改變大眾對傳統電話的觀念之後，第二代行動通訊（2G）技術接著登場。如果1G是只能以類比方式進行聲音通話的終端機時代，2G就是利用數位技術的行動電話時代。

繼1G之後，1991年2G緊接著登場，是數位方式的行動通訊系統。因為數位技術能傳輸資料，因此2G除了能聲音通話，也能傳輸文字簡訊、電子郵件或聽音樂。2G的通話品質比1G好，手機的體積也明顯縮小，使用者可輕易用一隻手握住手機，大幅提高攜帶的方便性。

韓國啟動2G服務商用的時間是1996年。[2] 2G時代的行動電話外型不再像「黑金剛」，而是出現了長方形無蓋（bar）、向上掀蓋的貝殼機（flip）、左右開蓋的折疊機（folder）、滑蓋式手機（sliding）等各種造型。韓國的行動電話號碼也從原本只有011開頭，增加016、017、018與019等。[3] 不僅如此，1G時代的行動電話市場幾乎是摩托羅拉的天下，2G時代三星電子與樂金電子（LG Electronics）也加入競爭。

雖然2G的通訊品質已有改善，可以傳輸的內容種類變多，但資料傳輸的速度卻很慢，影像傳輸也只能是固定圖案，不能傳輸影片。真正讓行動電話進入名副其實的多媒體時代是第三代行動通訊技術（3G），國際電信聯盟（ITU，International Telecommunications Union）

---

[2] 譯註：台灣也是在1996年開通2G服務。

[3] 譯註：台灣的1G行動電話號碼開頭為090，2G為0910、0911、0932、0931、0935、0936、0938等。

宣布以「IMT-2000」作為3G技術的標準。

IMT是「International Mobile Telecommunication」的英文縮寫，是「國際行動通訊」的意思。IMT-2000將不同國家各自不同的行動通訊系統統一，讓人類不論去到哪個地區，都能使用行動電話。韓國在2002年將IMT-2000服務商用，[④] 使用者可透過手機與網路互相傳輸音樂、影像、網路節目、新聞等影片檔案，也能跟分隔兩地的家人或朋友進行視訊通話。通訊技術發展至此，消費者可選擇喜歡的影片收看，「隨選視訊」（VOD，video on demand）也成為一種即時影音服務。

智慧型手機的歷史應該是從美國科技大廠蘋果（Apple）推出搭載3G技術的iPhone開始，之後三星電子、樂金電子等其他業者也加入戰局，推出各種智慧型手機，正式進入智慧型手機的時代。

4G「掌中電腦時代」vs. 5G朝「VR、AR、自駕車、遠距醫療普及」大步邁進

如果3G是智慧型手機的起點，4G就是開啟了「掌中電腦時代」。國際電信聯盟無線電通訊部門（ITU-R）在2008年11月宣布新一代行動通訊服務「IMT- Advanced」正式開始，為4G時代揭開序幕。ITU-R公布的4G資料傳輸速度是「移動中100Mbps」、「靜止時1Gbps」，比3G高速封包下行存取（HSDPA）的傳輸速度（14Mbps）快10至100倍。舉例來說，用4G網路下載100個MP3音樂檔案只需2.4秒，下載

---

④ 譯註：台灣在2005年開始3G行動電話服務。

一部相當於 CD 光碟片容量（800MB）的電影只需要 5.6 秒。

　　由於 4G 的傳輸速度比 3G 快上好幾十倍，足以執行網路播放、影像傳輸、行動購物、社交網路平台等多媒體功能，使用者可透過手機裡下載的行動裝置應用程式（App，application），從事各種「數位經濟」活動。此外，4G 也能同時進行聲音、影像與資料的三方服務（TPS，triple play service），讓使用者一邊語音通話，一邊收看高畫質（HD）電視節目。結果一台行動電話就能解決多媒體與通訊需求，彷彿一台迷你電腦在手。

　　隨著 4G 將智慧型手機的效能發揮到極致，如同建立一道行動通訊的分水嶺，2016 年 7 月 5G 技術開始在全球通訊市場嶄露頭角。不過這時的 5G 技術還不夠成熟，無法運用在行動電話，直到 2019 年 4 月 3 日，才由韓國成功將全球第一支採用 5G 通訊技術的手機帶入商用階段。[5]

　　5G 通訊每秒最高的資料傳輸速度是 20Gbps，如同一部檔案大小為 2GB 的高畫質（HD）電影只要 0.8 秒就能完成下載，而且網路流量與效率增加約 100 倍，因此在速度與品質方面都明顯提升。由於 5G 的傳輸速度快且效率高，帶動講究大量資料傳輸的先進技術登場，例如：虛擬實境（VR，virtual reality）、擴增實境（AR，augmented reality）、自駕車、遠距醫療等。5G 時代讓科技產品更深入日常生活，人類與周遭事物像蜘蛛網一樣緊密交錯，成為一個緊密相連、錯綜複雜的社會。

---

[5]　譯註：台灣的電信業者在 2020 年 6 月 30 日宣布 5G 開台。

▶ 從1G到5G，通訊技術的演進

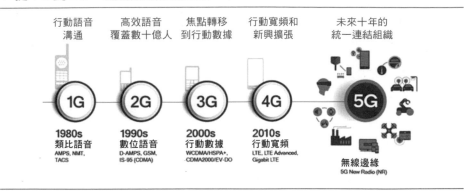

資料來源：高通（Qualcomm）

▶ 2025年各國5G的普及率預測

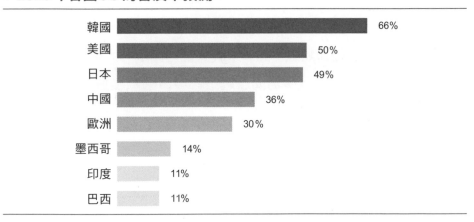

資料來源：GSMA Intelligence Ericsson

6G，無須申請國際漫遊的太空網路時代

　　雖然5G才開始逐漸影響人類的日常生活，業界對新一代通訊技術6G的研發已非常熱絡。若以行動通訊的發展速度進行預測，最快2026年6G技術就能問世，2028年進入商用階段。不過現在還無法確定未來6G技術會發展到何種程度。

　　目前業界預估，6G的傳輸速度可達到「1Tbps」。1Tbps等於1,000Gbps，5G的Gbps傳輸速度根本無法迄及。以檔案大小為2GB的高畫質（HD）電影為例，用5G下載還需要0.8秒，用6G只要0.016秒，比一眨眼的時間還短。

　　另一項備受期待的6G技術是「衛星通訊系統」。6G除了地面上的基地台，也會使用人造衛星，因此未來在原本是行動通訊死角的海洋與航空，網路都能暢通無阻。簡單來說，就是開啟「太空網路時代」。將來若進入太空網路時代，出國旅遊不必申請國際漫遊，在潛入深海的潛水艇內也能享受通訊自由。

07 物聯電池：電池是所有物品的原動力

- 物聯網時代之後，「物聯電池」時代接力登場
- 班傑明‧富蘭克林利用萊頓瓶連接成電池組，為世界上最早的電池
- 德國發明家卡爾‧加斯納發明乾電池
- 第四次工業革命時代，隨時隨地都能用的「物聯電池」大受歡迎
- 2030 年全球鋰離子電池市場規模上看 2,782 億美元[①]

　　不過就在幾年前，物聯網（IoT）還是科技業界最熱門的話題。IoT 是「internet of things」的縮寫，是一種將物品（things）與網路（internet）連結的技術。原本的網路只讓桌上型電腦、筆記型電腦、智慧型手機等資訊設備與無線網路連線，進行必要的資訊交換，物聯網是連同前面提到的資訊設備，加上汽車、辦公室等，幾乎世界上的所有物品都用網路連結。

　　物聯網技術在高速公路很常見。車輛行駛高速公路，經過收費站時不必停車支付過路費，只要通過特定站點就會自動計費的「電子收費系統」（ETC，electronic toll collection）就是一例。車主只要事先在車上安裝專用設備，物聯網技術就能與收費站的計價網路連線。

　　物聯網技術在其他國家也正在深入日常生活。亞馬遜（Amazon）

---

① 譯註：約合新台幣 8 兆 5,362 億元。

▶亞馬遜的「拿了就走」購物

資料來源：www.supermarketnews.com

是全球最大的電子商務業者，亞馬遜營運的無人商店「Amazon Go」就是採用物聯網技術。Amazon Go主打的「拿了就走」（Just Walk Out technology），標榜消費者拿取物品後，不用經過結帳櫃台就可以直接離開。所謂的拿了就走，是消費者在進店時先出示Amazon Go App的QR碼（QR code）或刷信用卡，之後拿取想買的物品，直接走出店外就能自動結帳。因為Amazon Go在商店內安裝了許多攝影機與感測器，利用攝影機與感測器掌握消費者購買的商品，便可自動結算價格。

　　除了Amazon Go之外，亞馬遜也與美國連鎖咖啡龍頭業者星巴克（Starbucks）合作，在紐約曼哈頓開設沒有收銀員的咖啡外帶專賣店。

　　如同網路早已與人類的生活密不可分，開啟了物聯網的時代，現在電池也正在為「物聯電池」（BoT，battery of things）時代譜寫新的歷史。物聯電池簡單來說，就是「所有東西都由電池驅動」。物聯電池這個詞出自於《能源與交通的潔淨革命》（*Clean Disruption of Energy and*

Transportation）一書，作者是美國史丹佛大學教授托尼・塞巴（Tony Seba）。塞巴認為所有物品都由電池驅動的時代即將來臨，預告即將進入物聯電池的時代。

回顧人類歷史上電池的發展過程

在人類的生活中，已經常用電池取代一般的電力供應，物聯電池有哪些部分值得注意？

電池一詞最早出自於美國政治家兼科學家班傑明・富蘭克林（Benjamin Franklin）。1749年富蘭克林利用萊頓瓶（Leyden jar）連結成電池組進行電流測試時，使用了電池一詞。萊頓瓶是人類最早的電容器（capacitor），利用在玻璃瓶口塞入軟木塞，並由軟木塞的中央插入導線，儲存導線與水接觸時產生的電流。

進入1800年代，電池技術又有一波發展。1800年義大利物理學家

▶**班傑明・富蘭克林利用萊頓瓶連結成電池組**

亞歷山德羅・伏特（Alessandro Volta）利用浸泡過鹽水的布，分隔銅盤（Cu）與鋅盤（Zn）並使其交錯堆疊，發明出世界上最早可儲存電力的電化電池（the first electrochemical battery）。伏特以銅、鋅、浸泡過鹽水的紙板堆疊進行測試，確認有電流通過，這是電池的起源，稱為「伏特電堆」（voltaic pile）或伏特電池。伏特電池讓物理學家伏特獲得「電池之父」的尊稱。

之後，英國物理學家麥克・法拉第（Michael Faraday）在1932年發明「電氣旋轉裝置」（dynamo），是電動馬達的前身。人類因為有法拉第的這項發明，才能進入有電可用的時代。

電池的發展並未就此停止。1859年法國物理學家加斯東・普蘭特（Gaston Planté）發明鉛酸蓄電池（lead-acid battery），將電池技術繼續往前推進。鉛酸蓄電池以鉛作為電極，硫酸作為電解質，可透過充電與放電重複使用，屬於二次電池的一種。二次電池就是能反覆充電重複使用的電池。後人為紀念普蘭特的貢獻，將鉛酸蓄電池稱為普蘭特電池，這種電池至今仍被內燃機引擎汽車使用，也叫作鉛蓄電池。

▶加斯東・普蘭特發明的「鉛蓄電池」

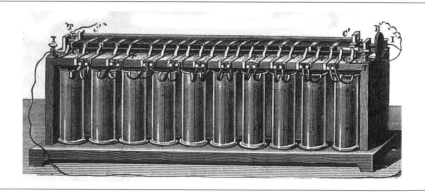

眾所周知的天才發名家湯瑪斯・愛迪生（Thomas Edison）在1913年利用鎳（Ni）與鐵（Fe）發明電池。鎳鐵電池的能量密度高，充電時間較短，但價格昂貴，不太耐用，因此在商用層面未被重視。

▶卡爾・加斯納發明的乾電池

談到這裡，我想考考各位讀者，日常生活中大家唾手可得的乾電池又是何時發明的呢？答案是1888年德國發明家卡爾・加斯納（Carl Gassner）的發明。加斯納改良濕式電池（wet-cell battery）的缺點，發明出一次電池——乾電池（dry-cell battery），取得世界最早的乾電池專利。濕式電池內部含有液體（電解質的一種），經常有液體外漏的問題，加斯納在液體電解質內加入石膏粉，製造出乾電池，並且申請專利。電壓為1.5伏特（V）的乾電池在1896年進入大量生產，從此被廣泛使用。

物聯電池的起點——鋰離子電池

雖然普蘭特發明了充電式電池技術，但是又經過一百多年，直到西元1991年才誕生第一顆真正能充放電的「二次電池」。這顆電池是鋰離子電池[2]。

鋰離子電池由正極、負極、電解液、隔離膜共四種材料構成，正極製造鋰離子，決定電池容量與輸出功率；負極保管來自正極的鋰離

子，也釋放鋰離子產生電能；隔離膜在電池內部，分隔二次電池的正極與負極，隔離膜上有細小孔洞可讓鋰離子通過。簡單歸納如下：正極讓電池具有充放電的功能，負極負責產生電能，電解質是產生電能的媒介，隔離膜確保電池安全。

　　相較於鉛蓄電池等其他種類的電池，鋰離子電池可儲存的能量密度最多，壽命也最長。日本家電業者索尼（Sony）率先將這種可重複充電數百次的鋰離子電池帶入商用階段。1991年索尼在卡式錄放音機（cassette tape recorder）「隨身聽」（Walkman）等小型家電產品使用這種電池。

　　改變電池市場的鋰離子電池除了被索尼應用在小型家電產品，對平板電腦、筆記型電腦、智慧手錶、無線滑鼠等行動裝置、穿戴式裝置也都帶來創新。生活中容易接觸到的電動滑板車、電動自行車、電動車等，也都是利用電池作為驅動力。最近鋰離子電池被搭載於電動車，應會為鋰離子電池技術帶來長足發展。美國市調機構Precedence Research預測，全球鋰離子電池市場以年平均12％成長，2030年市場規模上看2,782億美元（約合新台幣8兆5,362億元）。

　　隨著鋰離子電池市場快速成長，電池幾乎成為所有物品的動力，人類也進入「物聯電池」時代。除了人工智慧、5G等第四次工業革命的新科技正在改變人類生活，電池讓所有物品不受時間與場所的限制緊密相連。物聯電池可能影響未來能源產業的發展。

　　只能使用一次，用過就必須拋棄的一次電池無法被用在物聯電

---

② 譯註：鋰離子電池與鋰電池不同，真正的鋰電池是以鋰金屬作為正極，只能一次性使用且不可充電。由於鋰離子電池的應用較廣，一般常將鋰離子電池簡稱為鋰電池，大家口中常說的鋰電池其實也是鋰離子電池。

▶ 2021 至 2030 年全球鋰離子電池市場規模預測

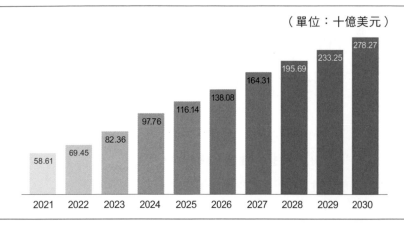

（單位：十億美元）

池，只有可以反覆充放電，需要時能重複使用的二次電池才能作為物聯電池的應用。最具代表性的二次電池是鋰離子電池，不但可以儲存電量，體積也朝小型發展。在形狀上，電池有圓柱形、四方形、軟性包裝（pouch，以密封材質盛裝電池的內容物）等很多種類。

　　最常見的圓柱形電池是大家常用的AA乾電池，方形電池以前多用在可換電池的手機或筆記型電腦，最近也用在電動車。圓柱形電池與方形電池多以金屬材質作為外殼，軟性包裝電池採用有柔軟度的包裝袋盛裝電池材料，包裝袋的厚度比圓柱形或方形電池的外殼薄，可製造形狀較扁、較寬的電池。在生產上，軟性包裝電池的加工製程較簡易，容易製造成各種形狀，大小與容量也能依照客戶需求調整。

08 智慧工廠：第四次工業革命時代，製造創新的關鍵

- 工廠自動化，以「福特主義」為基礎
- 智慧工廠是先進製造及提高生產力的大功臣
- 2024 年全球智慧工廠市場規模約 2,448 億美元[1]

第四次工業革命帶來不少新詞彙，其中一個是智慧工廠（smart factory），如同其字面的意思，就是「聰明的工廠」。這難道在說原本的工廠不聰明？智慧工廠跟大家熟悉的「工廠自動化」（factory automation）又有什麼不同？

由「福特主義」開始的工廠自動化

工廠自動化是在工廠利用電腦，使生產活動自動進行。簡單來說，就是工廠用電腦與機器人取代人員勞動，利用機器人取代作業員執行簡單、重複性高的任務，達到既節省人事費又能提高生產力的目標。

談到工廠自動化，必須回溯到二十世紀初期。1903 年美國的亨

---

[1] 譯註：約合新台幣 7 兆 5,113 億元。

利‧福特（Henry Ford）創辦福特汽車（Ford），1908年發表「福特T型車」車款，引擎為20匹馬力，時速可達到40公里。雖然現在拿福特T型車與法拉利（Ferrari）時速高達310公里的新款跑車相比，福特T型車的速度根本不足掛齒，但在當時，福特T型車可是引起旋風的發明。1913年福特位在美國密西根州的工廠具備T型車的量產系統，這種系統是在工廠內安裝長條形的帶子，利用帶子連續移動物品。換句話說，在福特汽車的密西根工廠內，利用輸送帶（conveyor belt）自動搬運、移動零件，搭配作業員組裝車輛，成為一條生產線（assembly line）。福特利用生產線製造汽車，因而能夠大量生產。

　　像這種在工廠引進輸送帶進行加工生產方式，一般稱為「福特主義」（Fordism）。簡單來說，福特主義就是福特汽車發明的大量生產系統（the system of mass production that was pioneered in the early 20th century by the Ford Motor Company）。加上福特汽車為密西根工廠的T型車製程引進機械化、自動化與標準化生產，不但縮短作業時間，又能提升品質，使整體生產力獲得提升。

　　在福特汽車出現之前，美國多數工廠都屬於小規模的家庭代工，直到象徵福特主義的輸送帶系統出現，美國才蛻變為大量生產與大量消費。

　　福特將工廠自動化後，工廠的生產方式持續進步。1980年代，工廠利用電腦與各種測量設備，使所有製程都轉換為自動化系統。業者可利用自動化系統控制製程，對生產設備進行檢測，將人員的介入降到最低，並且在短時間內大量製造出品質精良的產品。

　　工廠自動化一般分為下列四階段：①機械的部分自動、②機械的完全自動、③生產線的自動、④所有製程全面自動。在工廠自動化四

▶展現「福特主義」的福特汽車生產線

階段經常採用的技術有電腦輔助設計（CAD，computer aided design）、電腦輔助製造（CAM，computer-aided manufacturing）、電腦整合製造（CIM，computer-Integrated manufacturing）等。

集結資通訊技術於一身的智慧工廠

說了這麼多，智慧工廠到底是什麼呢？若從智慧工廠也是採用先進設備的角度來看，智慧工廠與工廠自動化很類似。智慧工廠會以物聯網、人工智慧（AI）、大數據等新科技，支援產品製造必要的製程。

不過智慧工廠並非只有在製造過程採用新科技。如同前面所提，智慧工廠運用物聯網、人工智慧、大數據等資通訊技術，從產品的規

畫階段開始,在設計、製造、物流、銷售等所有過程,都能配合顧客的喜好進行生產。換句話說,智慧工廠會連結製造程序裡與生產有關的所有事情,交換必要的資料進行分析,達到提高生產效率的目的。因此,智慧工廠常被稱為「超智慧、超連結控制系統」。如果用人類來比喻,工廠自動化是工廠擁有人類的手跟腳,智慧工廠是工廠除了擁有人類的手跟腳,甚至也擁有大腦。所以智慧工廠也被稱為「第四次工業革命時代推動創新的關鍵」。

若要更詳細介紹智慧工廠,工廠內的生產線上,每個環節都會安裝物聯網感測器,利用5G網路即時收集資料,一整天下來的資料量可達到數十兆位元組(TB)。TB是電腦儲存資料量的單位,1TB大約是1GB的1,000倍。1TB的資料量到底有多龐大?大概相當於500個標準畫質(SD)的電影檔或125個高畫質(HD)電影檔或25萬個MP3音樂檔案。這些收集到的資料經過人工智慧分析後,會被上傳到雲端儲存。此外,智慧工廠也會裝設如同人類眼睛的「機器視覺」(machine vision),可精準分析肉眼無法判別的部分,以此進行檢測。智慧工廠因為有這些特點,可以讓產品盡善盡美。

依照韓國中小創投企業部(Ministry of SMEs and Startups)公布的資料,韓國已導入智慧工廠的企業生產力提高30%、產品不良率降低43.5%、生產成本減少15.9%、交期延遲率減少15.5%、工安災害減少22%等,獲得的成效非凡。

各國皆發展智慧工廠

　　智慧工廠在全世界發展的情況如何？德國、美國、日本等先進國家從多年前就積極利用人工智慧、大數據、5G建置智慧工廠。尤其是德國，2019年曾發表「2030 Industry 4.0」先進製造業發展方案，欲將第四次工業革命帶來的新科技應用到製造業。之後在「2030 Vision for Industry 4.0」智慧工廠國家策略中，有許多德國重要的製造業者響應參與，包括成立於1865年，擁有悠久歷史的全球最大化學企業巴斯夫（BASF），也有歐洲最大的軟體業者SAP、賓士汽車的母公司戴姆勒（Daimler）、BMW、博世（Bosch）、英飛凌（Infineon Technologies）、蒂森克虜伯（ThyssenKrupp）、創浦（TRUMPF）等。

　　美國當然不願意落後，在喬・拜登（Joe Biden）總統上任後，加強推動大學、企業與州政府的伙伴合作，並且提供經費支援，鼓勵先進領域從事製造創新，期望美國的製造業能落實創新。日本則是在2017年發表「Society 5.0」、2018年公布與數位轉型有關的報告書，強化智慧工廠政策。

▶四次工業革命簡要比較

工業革命	內容
第一次	機械化、水力、蒸氣發電
第二次	大量生產、生產線、電力
第三次	電腦化與自動化
第四次	智慧工廠、人工智慧、雲端、AR與VR

　　智慧工廠一般可分為基礎、中間Ⅰ、中間Ⅱ、高度共四個階段。韓國已實施智慧工廠的企業現在到了哪個階段呢？

▶智慧工廠四階段

階段	功能	特性	主要管理對象	主要工具
基礎	監視	辨識	原物料	條碼／RFID（無線射頻識別）
中間Ⅰ	控制	分析	作業員、原物料、設備	感測器等分析裝置
中間Ⅱ	最佳化	模擬	作業員、原物料、設備、環境	感應控制器等
高度	自動	客製化	作業員、原物料、設備、環境	人工智慧、VR（虛擬實境）等

▶各國智慧製造市場規模及成長率

（單位：十億美元，%）

分類	2018年	2019年	2020年（預估值）	2021年（預估值）	2022年（預估值）	成長率
美國	24.98	27.04	29.32	34.67	41.30	8.83
中國	23.79	26.47	29.51	36.99	46.97	12.16
日本	14.85	16.22	17.77	21.49	26.34	10.18
德國	9.52	10.37	11.33	13.66	16.66	9.94
韓國	8.06	8.9	9.86	12.19	15.28	11.41

資料來源：KDI（Korea Development Institute）經濟資訊中心

▶ 2022至2032年全球智慧工廠規模

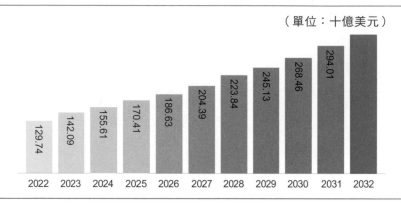

（單位：十億美元）

年份	2022	2023	2024	2025	2026	2027	2028	2029	2030	2031	2032
規模	129.74	142.09	155.61	170.41	186.63	204.39	223.84	245.13	268.46	294.01	

資料來源：Precedence Research

　　包括韓國最大的三星電子在內，現代汽車等多家大企業的智慧工廠發展處於中間Ⅱ階段，運用各種先進設備、工業機器人與大數據；中小企業大都還在基礎階段或中間Ⅰ階段。韓國政府為了鼓勵企業推動智慧工廠轉型，2022年提出建立3萬家智慧工廠、打造10個智慧園區的遠大目標，期望中小規模製造業的先進智慧工廠轉換率達30％，2024年外銷規模達1兆美元（約合新台幣31兆5,300億元）、製造業擠進全球四強。

　　智慧工廠的未來前景看好。市調機構MarketsandMarkets的資料指出，2019年全球智慧工廠市場規模為1,537億美元（約合新台幣4兆7,160億元），預估2024年可成長至2,448億美元（約合新台幣7兆5,113億元），五年內增加1.6倍。

09 量子電腦：全球主導權之爭

- 無法再分割的能量最小單位是「量子」
- 利用量子重疊的「量子位元」技術，可解曠日持久的難題
- 量子糾纏技術可應用在防竊聽、防駭客的「量子加密通訊」
- 2030年全球量子電腦市場規模約 1,250 億美元[①]

　　量子電腦是電腦業界最近熱門的話題。一般人對量子電腦肯定非常陌生，量子電腦是什麼東西？讓我們先從「量子」的概念說起。

　　量子是無法再切得更小的基本能量單位，英文是quantum。經常與量子一起被提到的概念是「輻射」（radiation）。輻射是以粒子或波（wave）的型態放出能量，當能量以粒子或波動的方式釋放或對外擴散，這種能量稱為「輻射能」（radiation energy）。最早在輻射能發現的量子是「能量量子」，當輻射能轉變成光的形式呈現，稱之為「光量子」（light quantum）。德國物理學家馬克斯・普朗克（Max Karl Ernst Ludwig Planck）在1901年提出「量子理論」，認為光能並非連續改變的連續體，而是不連續存在的能量量子。普朗克提出一項假設，認為能量不會被連續吸收，也不會被連續釋放，量子是自然頻率的一定比例，會被電磁輻射吸收或釋放。由於這部分的內容相當艱深，我們就

---

① 譯註：約合新台幣3兆8,354億元。

點到為止。

位元 vs. 量子位元

　　量子一詞是從拉丁文「quantus」而來，在拉丁文中是「多少」（how much）的意思。最早使用量子這個詞的人是德國物理學家赫爾曼・馮・亥姆霍茲（Hermann von Helmholtz）。這樣看來，量子電腦又是什麼意思？

　　量子電腦是利用量子原理的電腦。世界上第一台量子電腦是1982年由美國物理學家理察・費曼（Richard Feynman）發明，但功能上僅止於初期階段。量子電腦的功能有多厲害？

　　一般電腦只計算0與1，計算單位是1個位元（bit）。量子電腦的資訊單位是量子位元（qubit），取自「量子」（quantum）與電腦資訊最小儲存單位「位元」（bit）的合成，作為量子電腦儲存資訊的最小單位。1個量子位元同時計算0與1，不把0與1分開，因此1個量子位元處理資訊的速度是1個位元的2倍，2個量子位元可同時處理00、01、10、11共四種狀態，速度是2個位元的4倍，3個量子位元是3個位元的8倍，4個量子位元是4個位元的16倍。

　　1997年美國麻省理工學院（MIT）計算機工程學系與物理學系兼任教授艾薩克・莊（Isaac Chuang）開發出2個量子位元的量子電腦，比費曼研發的量子電腦略有進步。1999年日本家電業者恩益禧（NEC）成功開發量子電腦的固態電路（solid-state circuits）元件。韓國的量子電腦發展到什麼水準呢？韓國科學技術院（KAIST）研究團隊2011年成功開發3個量子位元的量子電腦。[②]

　　量子電腦的量子位元數愈多，能處理的資訊量就會等比級數增加。2019年Google研發的量子電腦只花了3分鐘，就輕易解開用超級電腦必須運算一萬年的問題。因此，量子電腦預估會用來解決宇宙黑洞、生命的起源、治療難治疾病……等，以超級電腦運算依然曠日持久的難題。

量子力學的核心概念：「重疊」與「糾纏」

　　如同前面說明，依照量子力學的說法，世界上所有物質都與粒子同時波動，最後所有物質都會展現來自波動現象的特徵，其中一項代表性的特徵是「重疊」。重疊是有很多個東西疊在一起，意思是一個粒子以很多種型態存在，這個概念就是量子力學的基本原理 ——「量子重疊」（quantum superposition）。簡單來說，量子重疊表示有很多種可能性同時存在，最有關且最有名的實驗是「薛丁格的貓」（Schrödinger's cat）。

　　奧地利物理學家艾爾溫・薛丁格（Erwin Schrödinger）為了證明量子力學不夠完備，進行了一項實驗，稱為「薛丁格的貓」。薛丁格將貓咪關在密閉的鐵箱內，接著又放入裝有放射性物質的蓋格計數器（Geiger counter）、與計數器相連的鐵鎚、裝有毒氣的玻璃瓶。每個放射性元素在一小時內衰變的機率是50％，只要有一個元素衰變，鐵鎚就會掉落敲碎玻璃瓶，造成有毒氣體散出，貓咪死亡。究竟一小時後貓咪是死是活？

---

② 譯註：台灣的中研院在2023年10月成功自製5個位元的超導量子電腦。

▶「薛丁格的貓」示意圖

資料來源：Welt der Physik/Britta von Heintze

　　正確答案是：在打開箱子確認結果之前，貓咪「可能死了，也可能活著」。這種情況就是量子力學說的「生即是死」。雖然生與死不可能同時存在，但在這個實驗裡，貓咪從量子力學的觀點來看，是生與死疊加的狀態，所以薛丁格才會說，必須直接打開箱子察看，才知道貓咪是生是死。等於薛丁格利用這項實驗證明了量子重疊。

　　在量子力學裡，重要性與量子重疊不相上下的概念還有一個，就是「量子糾纏」（quantum entanglement）。如同字面意思，量子像細線一樣糾纏在一起。

　　我用一個簡單的例子說明量子糾纏。假設現在我有一枚十元硬幣，要讓大家猜硬幣放在我的左手或右手。當我的左手打開沒看到硬幣時，各位應該就知道硬幣是在我的右手。也就是說，只要確認我兩手中的其中一手，立刻就能知道答案。從量子力學的觀點來看，糾纏在一起的粒子就算距離相隔很遠，也無法完全獨立，如同十元硬幣的

位置，左手、右手有明確的關係，很容易能知道結果。

說明到這裡，量子重疊與量子糾纏到底跟量子電腦有什麼關係？

如前述，電腦在通電的時候是 1，沒通電的時候是 0，採用二進位的「位元」制。但在薛丁格的貓實驗裡，量子電腦是 0 與 1 疊加的量子位元制。

依照互相糾纏的粒子不管相隔多遠、彼此還是會連在一起的特性，量子糾纏被應用在確認其中一邊粒子的資訊時，同時對另一邊粒子傳送資訊的「量子通訊」。量子通訊更精確的用語是「量子加密通訊」，利用無法再分割的最小單位 —— 量子技術，讓發訊者與收訊者之間的通話無法被入侵，如同使用只有收訊者與發訊者才知道的密碼金鑰。

若要更進一步說明，目前的通訊網路使用數位訊號（0 或 1）進行通話或資料傳送，就算有防止駭客的資安功能，也無法完全防堵駭客的攻擊。量子加密通訊在資訊傳輸端與資訊接收端分別加上量子加密金鑰分配器（QKD，quantum key distribution），每次都使用不同的金鑰，金鑰只能由收訊者與發訊者看到，如果中間被駭客入侵，密碼就會再次更新，使駭客活動無法成功。

韓國，目標 2030 年成為量子技術世界四大強國

雖然量子電腦與量子加密通訊最近才成為科學界的新焦點，其實在很久以前，量子力學已經深入人類的生活，半導體（semiconductor）就是最具代表性的應用。

一般而言，物質可分為導體與非導體。導體（conductor）是電流

▶量子加密通訊示意圖

發訊者（愛麗絲）正在對收訊者（鮑伯）傳送資料，伊芙只要一進行竊聽，傳送的光子（photon）會立刻改變。

光子（photon）

| 發訊者 | 竊聽者 | 收訊者 |
| 愛麗絲 | 伊芙 | 鮑伯 |

資料來源：www.techtarget.com

會通過的物質，非導體（nonconductor）則是電流無法通過。科學家利用這項物質特性，加上前面談過的量子力學與量子重疊，開發出半導體技術。電子在低溫時幾乎不流動，在高溫時容易流動，半導體的導電率（電子通過的比率）介在中間程度。

量子力學成為人類生活密不可分的領域後，世界各國紛紛投入量子電腦研發。美國為了取得在量子電腦領域的主導權，2018 年制定《國家量子倡議法案》（National Quantum Initiative Act），由國防部、美國太空總署（NASA）、國防高等研究計畫署（DARPA）等政府機關，攜手史丹佛大學、麻省理工學院等大學院校，推動研發量子電腦。英國由直屬於首相的工程暨物理研究委員會（EPSRC，Engineering and Physical Sciences Research Council）負責執行量子技術研發計畫，日本文部科學省（科技部）也正在擬定量子電腦研發計畫。

韓國在 2001 年由韓國科學技術院（KAIST）開發出 3 個量子位元的量子電腦後，目標 2023 年發表 5 個量子位元的量子電腦。三星先進技

▶2021至2030年全球量子電腦市場規模

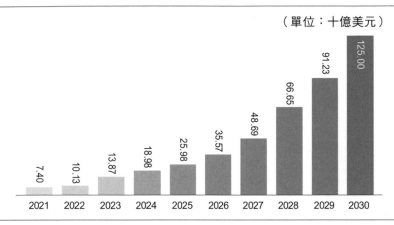

（單位：十億美元）

資料來源：Precedence Research

術院（Samsung Advanced Institute of Technology）、三星SDS（Samsung SDS）、現代汽車、樂金電子等多家大企業也發展量子電腦，期望2030年擁有一千名量子領域的高階人力，成為全球四大量子技術強國。

　　量子電腦目前雖然還處於研發初期階段，未來若能普及，可望成為帶動大數據市場、生醫與新藥市場、航太產業、金融領域的全方位動力，發展潛力無窮。市調機構Precedence Research的資料顯示，全球量子電腦市場規模2022年為101億美元（約合新台幣3,099億元），預估2030年可成長至1,250億美元（約合新台幣3兆8,354億元），未來市場規模之大，成為韓國及其他國家積極發展的理由。

10 第四次工業革命：連結一切的先進科技

- 英國圈地運動，第一次工業革命的催化劑
- 第二次工業革命，開啟用電力大量生產的時代
- 第三次工業革命，電腦與網路的資訊科技時代揭幕
- 第四次工業革命，「超連結」與「超級智慧」讓現實與虛擬融合

「工業革命」（The Industrial Revolution）最近在各行各業相當受到關注。1799年7月法國外交官路易－吉勞姆・奧托（Louis-Guillaume Otto）最先使用工業革命一詞，1837年法國經濟學家熱羅姆－阿道夫・布朗基（Jérôme-Adolphe Blanqui）又再次提及，大家才開始注意。之後，德國經濟學家弗里德里希・恩格斯（Friedrich Engels）在《1884年英格蘭工人階級狀況》（*The Condition of the Working Class in England in 1884*）一書中也提到工業革命，英國歷史學家阿諾德・約瑟・湯恩比（Arnold Toynbee）在1884年的著作《十八世紀英國工業革命演說》（*Lectures on the Industrial Revolution of the Eighteenth Century in England*）又再次詳細闡述。

讓多位學者深感興趣的工業革命，意思是「人類的經濟在農業革命之後，利用更有效率與更安全的製造過程，進入全球性的巨變時期」，之後再繼續往工業革命前進。

1760至1815年英國經歷了被稱為「英國農業革命」（The British Agricultural Revolution）的巨變。1600年代英國發生動物繁殖過量與疾病

擴散兩項問題，為求解決，針對開放式的放牧與栽種系統進行改良，推動農畜產業改革。在各界的通力合作之下，農業生產變得更有效率，必須投入的勞動力也逐漸減少。英國採取的作法是將農地分成四個區塊，依照「小麥→蕪菁→大麥→三葉草」的順序輪耕（兩種以上作物輪流耕種的農業技術），如此一來無須等候休耕期（土地暫不耕種），一年四季都能種植作物。

這種創新的農業技術不但讓英國的農作物收穫量大增，也造成了「圈地運動」（enclosure）。圈地是「圍籬笆」的意思，由於地主對種植農作物的煩惱減少，便把剩餘的土地用籬笆圍起來飼養羊隻。英國原本在羊毛紡織產業就很有競爭力，農業革命讓英國有更多的土地可以圈地養羊，增進了畜牧業發展。然而這個現象逐漸威脅到靠農耕過活的農民，壓縮到可以耕種的土地。

一覺醒來發現失去耕地的農民，為了找工作大舉往都市前進，出現「英國版農村人口外移」。回顧西元1500年，英國有70％人口從事農業，圈地運動開始後，西元1700年農業人口剩下55％，西元1800年更只剩下35％。英國作家湯瑪斯・摩爾（Thomas More）在《烏托邦》（*Utopia*）一書之中，用「羊吃人」來比喻農夫被迫離鄉背井，轉戰大都市討生活的情景。

農夫的離鄉背井雖然是社會面的傷痕，卻也讓英國在圈地運動之後，獲得了第一次工業革命必要的豐富勞動力，成為農業革命之後出現工業革命的原因。

工業革命時代與主要特徵

　　說完農業革命的故事，下面要回到正題 —— 工業革命。

　　第一次工業革命大約是1760至1840年。1784年英國工程師詹姆斯・瓦特（James Watt）發明了蒸汽機，讓產品製造從手工（人的雙手）進入利用機械的「生產機械化」時代。這時候的勞動生產力與手工時期相比，至少增加2至3倍。

　　瓦特發明蒸汽機、鐵路建設等生產面的機械化，帶動生產與消費增加，自然也造就世界人口成長。從第一次工業革命開始到之後的一百多年內，全世界人口超過20億人，對比全世界人口突破10億花了好幾千年，第一次工業革命大大改寫人類的歷史，成為人類發展的分水嶺。

　　第一次工業革命後，1870年進入由電力與內燃機帶動的第二次工業革命。第二次工業革命是用電力大量生產的時代，一直到1914年，工廠因為有電力供應，也能以輸送帶搬運貨品，得以實現「利用電力大量生產」。不同於第一次工業革命主要發生在英國，第二次工業革命是以美國與德國為主，在電機、汽車、化學、鋼鐵等領域有技術創新。

　　1969年進入第三次工業革命時代，也常被稱為「數位革命」（digital revolution），是從「類比」進入「數位」的重大分水嶺。網路、電腦等自動化系統的出現，帶動工廠自動化生產，加上資訊科技（IT，information technologies）時代同步揭開序幕，「資訊社會化」讓利用電腦網路的各種平台大舉登場。

　　如果第三次工業革命是從類比進入數位的分水嶺，第四次工業革命就是人工智慧（AI）、物聯網（IoT）、雲端運算（cloud computing）、大數據（big data）、機器人等先進資訊科技改變人類生活的起點。這些新

科技被視為第四次工業革命的寵兒，本書將另以獨立章節詳細介紹，這裡只先談簡單的概念。

人工智慧是具備學習能力、推理能力、適應力、論證能力等人類智慧的電腦系統。

物聯網是在各種電子裝置上安裝感測器，透過網路交換資訊，因此可在沒有人為的介入之下取得資訊，做出判斷，執行必要的功能。

雲端運算是利用網路上的伺服器，使用者依照用量付費。簡單來說，可看成是使用者承租運算服務，把自己的檔案寄放在網路空間保管（資料儲存），而非儲存在自己的電腦上。

大數據是一種可快速處理大量資料，以利業務執行的技術。這裡的資料量龐大程度，已無法用資料庫來儲存或分析。大數據能以非常快的速度（velocity）處理規模龐大（volume）且種類很多（variety）的資料，這三項是大數據的特性，也常被稱為「3V」。

第四次工業革命一詞最早被提及，是在2016年瑞士東南部格勞邦登州（Graubünden）達沃斯（Davos）舉行的世界經濟論壇（WEF，World Economic Forum）。由於世界經濟論壇每年1至2月固定在達沃斯舉辦，也被稱為「達沃斯論壇」，屬於國際性的民間會議，有來自世界各地的經濟學家、政治人物齊聚一堂，對重要的經濟議題進行討論。

德國經濟學家克勞斯・史瓦布（Klaus Schwab）是現任世界經濟論壇主席，2016年在論壇上首次使用第四次工業革命一詞，並且點出兩項特徵：「超連結」（hyperconnectivity）與「超級智慧」（superintelligence）。多數專家學者認為，超連結類似大數據，超級智慧則類似人工智慧。

但如果從資訊革命時代傾瀉而出的資訊科技發展速度來看，史瓦布提到的超連結與超級智慧，並不侷限於大數據與人工智慧。因為可讓

大家用智慧型手機轉帳、付款、線上申辦各種金融功能的「金融科技」（fintech），其實也是第四次工業革命的產物。隨著超越想像的新科技陸續登場，人類並未在第四次工業革命就停下腳步，持續朝未知領域的第五次工業革命邁進。

▶**四次工業革命的時間與特徵比較**

項目	第一次 工業革命	第二次 工業革命	第三次 工業革命	第四次 工業革命
時間	1760～1840年	1870～1930年	1969～2000年	2010年至今
技術	蒸汽機	電力與內燃機	網路與電腦等	機器人與人工智慧等
意義	機械化生產	利用電力的大量生產、資訊化與自動化	現實與虛擬的整合	

11 元宇宙、元宇宙經濟學：虛擬與現實共存

- 現實與虛擬實境共存的世界
- 新冠肺炎疫情猖獗造就不碰面、不接觸的人際互動興盛，元宇宙漸受歡迎
- 成為未來資通訊領域的「核心人氣技術」
- 2030 年市場規模約 1 兆 5,000 億美元[①]

　　最近在資通訊（ICT）領域熱度未減的主題是元宇宙（metaverse）。元宇宙一詞是由有虛擬（非現實）意思的「meta、超越（beyond）」，以及有現實世界意思的「verse、太空、宇宙的縮影」結合而成。簡單來說，元宇宙是現實與虛擬共存（the extension of the universe of physical and virtual reality）的世界。

　　元宇宙從技術面來看，可說是結合虛擬實境（VR）、擴增實境（AR）、物聯網等資通訊技術的產物。簡單來說，虛擬實境是人類在電腦創造的虛擬世界裡，感覺宛如處在真實世界的電腦技術；擴增實境則是人類在現實世界裡，可以體驗三度空間（3D）虛擬世界的技術；物聯網是在物品（大都是家電產品）上安裝感測器，即時收集資訊後，在沒有人類介入之下，物品各自透過網路交換資訊的技術。

---

① 譯註：約合新台幣 46 兆元。

元宇宙的特徵

　　元宇宙跟前面提到的VR、AR有什麼不同呢？虛擬實境、擴增實境與現實有一段距離，如同字面意義，只呈現出「想像的世界」，元宇宙則是藉由資通訊技術，把虛擬世界與現實融合在一起的型態。換句話說，如果把虛擬實境與擴增實境的現實做成一個虛擬空間，元宇宙會有一個我的虛擬分身（avatar），幫我從現實世界延續到虛擬空間；虛擬分身是代替人類在網路上活動的角色。簡單來說，在元宇宙裡，有一個存在許多虛擬分身的世界，這些虛擬分身是現實世界裡每個人各自創造的人物，會互動交流，也會工作。虛擬分身則代替現實世界的人類，在虛擬世界裡依照人類的指示行動。

　　元宇宙依照這種方式讓虛擬分身進入虛擬空間，使人感覺不到現實與虛擬空間的區隔。以前只有在科幻電影才會出現的虛擬與現實共存，現在隨著元宇宙的出現，科幻情節逐漸成真。

　　元宇宙一詞出自1992年美國小說家尼爾・史蒂文森（Neal Stephenson）撰寫的科幻小說《潰雪》（*Snow Crash*）。小說裡的主角名叫Hiro Protagonist，是義大利裔美國犯罪組織黑手黨的成員，靠外送披薩為生。Hiro Protagonist結束一整天外送披薩的工作之後，會戴上特殊眼鏡（goggles）與耳機，連上自己創造的虛擬世界元宇宙，在裡面扮演總統，把大小如同美國國土般的領地玩弄於股掌之間。在Hiro Protagonist的虛擬世界裡，現實生活中的人物以虛擬分身登場，展現日常生活景象。

元宇宙，人氣祕訣在哪兒？

　　AR、VR、虛擬分身都不是最近才出現的新技術，但為何元宇宙現在這麼受關注？我認為最大的原因是新冠肺炎疫情。2020年1月爆發的新冠肺炎疫情在全球肆虐，帶動不直接與人面對面，而是改用網路聯絡的「不碰面、不接觸」行為模式。加上有熟悉操作智慧型手機、平板電腦等數位裝置的「MZ世代（年齡層在20至39歲）」推波助瀾，讓元宇宙文化得以發展。

　　MZ世代指出生在1980年代初期至2000年代初期的千禧世代（millennials），以及出生在1990年代中期至2000年代初期的Z世代。這些人同時經歷過類比技術與數位技術，對操作科技產品非常熟練，在新冠肺炎疫情之前非常低調，只有朋友圈的聯絡才使用元宇宙。

　　除了疫情之外，還有什麼原因讓MZ世代對元宇宙拍手叫好呢？答案是追星。因為只要進入元宇宙世界，使用者就能跟偶像的虛擬分身一起跳舞。以知名偶像團體「防彈少年團」（BTS）為例，先前因為新冠肺炎疫情的關係，取消巡迴海外的歌迷見面會，〈Dynamite〉新曲發表改在全球最大的線上遊戲平台《要塞英雄》（Fortnite）舉行。歌迷只要進入《要塞英雄》的「皇家派對模式」（Party Royal Mode），就能以虛擬分身跟著BTS的音樂影片一起跳舞。

　　不僅如此，SK電信（SK Telecom）、KT電信（KT）、樂金U+（LG U+）等韓國電信業者也與大學院校合作，推出元宇宙開學典禮，同樣打響元宇宙的知名度。該屆大學新鮮人各自在家，利用元宇宙平台上線參加開學典禮。當時的元宇宙大操場上，有來自各地的大一新生與系所教授的虛擬分身相互問候，校長也用虛擬分身上台致詞，帶領大家朗讀校

訓，還一起觀看校園簡介影片。

元宇宙改變企業文化

元宇宙的興起，讓「元宇宙經濟學」（metanomics）吸引不少鎂光燈。元宇宙經濟學一詞來自於「元宇宙」（metaverse）與「經濟學」（economics）的合成，意指從元宇宙衍生的生產、消費與投資等各種經濟活動。元宇宙正在改變企業文化，分散在世界各地的員工都能以虛擬分身進入虛擬會議室，即時討論事業策略與應對方案。

除此之外，企業看準元宇宙技術開拓的新市場，積極採取行動。業界認為若將VR、AR、物聯網及5G通訊與元宇宙結合，可成為未來資通訊領域的「核心人氣技術」。換句話說，元宇宙的應用除了遊戲市場、音樂、演藝娛樂產業及企業文化，應該還可以開發出無窮盡的市場。

在元宇宙的熱潮之下，美國遊戲公司Roblox順勢崛起。Roblox成立於2014年，創辦人是大衛・巴斯佐茲基（David Baszucki），推出類似樂高（Lego）積木的虛擬分身。這些虛擬分身在元宇宙裡會蓋房子，也會買賣物品，有時還會發生戰爭，交易時則使用虛擬貨幣「Robux」。美國因為新冠肺炎疫情宣布學校停課時，未滿16歲的青少年有55％加入了Roblox推出的同名遊戲《機器磚塊》（Roblox），其中又以小學生最多，受歡迎程度可見一斑，每日平均上線人數最多曾逼近4,000萬名，最受10至20歲青年人歡迎。2021年Roblox成為紐約證券交易所（NYSE）的上市公司，公司市值高達450億美元（約合新台幣1兆元）。

▶Roblox推出的機器磚塊遊戲

資料來源：Roblox

元宇宙，市場發展性看俏

　　專業機構眼中的元宇宙市場相當具有發展性，除了遊戲產業之外，非常有機會朝教育、通訊等經濟、產業、社會領域擴大。市調機構Strategy Analytics預估，2025年全球元宇宙市場規模上看2,800億美元（約合新台幣8兆5,900億元），元宇宙市場可帶動已存在的VR與AR市場。顧問公司普華永道（PwC）公布的資料顯示，2021年全球元宇宙市場規模為1,485億美元（約合新台幣4兆5,565億元），2030年可成長到1兆5,000億美元（約合新台幣46兆元）。市調機構顧能（Gartner）預測，2026年全球有25％的人口為了辦公、購物、教育、娛樂，每天最少會花一小時在元宇宙上。

▶ **2021 至 2030 年全球元宇宙市場規模 1**

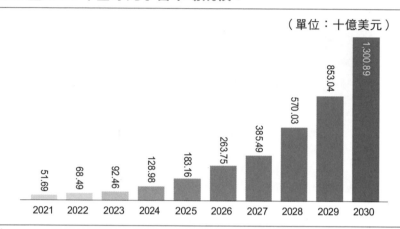

資料來源：precedenceresearch.com

▶ **2021 至 2030 年全球元宇宙市場規模 2**

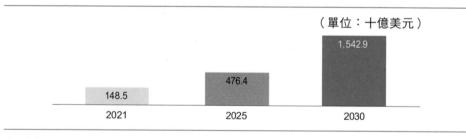

資料來源：普華永道

　　韓國政府看好元宇宙的發展性積極推動，由科技資通訊部（Ministry of Science and ICT）成立「新產業策略支援任務小組」[②]，並且發表五大核心計畫，元宇宙也在其中。SK電信、遊戲公司恩希軟體（NCSOFT）、網路業者 Naver 等，也對發展元宇宙技術有所投資。

---

② 譯註：台灣的數位發展部有「多元宇宙科」，發展元宇宙相關應用。

12 雲端運算：不分時間、場所與存取裝置，隨心所欲地使用

- 雲端是把資料上傳網路「虛擬硬碟」的方式
- 連上雲端，任何時間、任何地點都能「聰明工作」
- 2025 年市場規模上看 1 兆 3,000 億美元[①]
- 亞馬遜、微軟、Google 爭奪雲端市場
- 生成式 AI 的三雄競爭，雲端運算成為「明日之星事業」

　　資通訊領域最近有一項愈來愈重要的技術，就是雲端運算（cloud computing）。「雲端」（cloud）是飄在天空中的雲，後面接著象徵「使用電腦」的運算，代表什麼意思呢？

　　一般而言，雲端是「線上儲存服務」的意思。在有雲端之前，大家常以桌上型電腦或筆記型電腦的內部儲存空間存放電腦檔案，但是如果改用雲端，我們就不必用到電腦內部的儲存空間，可以透過網路儲存在虛擬空間。簡單來說，就是把檔案放到有虛擬空間的中央電腦保管（the collection of data and services available through the Internet, storing data in the cloud），如同把檔案上傳到網路上的「虛擬硬碟」。其實，雲端就是把電腦檔案等各種資料儲存在網路上的伺服器（server），這些資料可利用

---

① 譯註：約合新台幣 40 兆元。

智慧型手機、筆記型電腦等各種裝置，在任何時間、任何場所都隨心所欲存取使用。雲端也能說是以伺服器儲存資料，當使用者有需要的時候，對使用者提供資料的電腦系統。至於存放著幾十個或幾百個伺服器的地方，一般稱為「網路資料中心」（IDC，internet data center）。

雲端與原本的檔案方式有何不同？

雲端，也就是「雲」這個詞，是如何出現的呢？

資料存放在桌上型電腦或筆記型電腦等個人設備時，只有開啟原本儲存的設備才能存取。相對之下，雲端可讓使用者不受時間、地點限制，只要能連上網路，都能叫出檔案。換句話說，雲端不限於原本工作的電腦，就像飄在天空中的雲，只要抬頭隨時可見，使用者需要雲端資料的時候，隨時都可以從雲端拿出來，這也是雲端最大的優點。大家熟悉的雲端想必是Google雲端硬碟（Google Drive）。

Google雲端硬碟在2012年4月啟用，由全球最大的搜尋引擎Google運作，可存放各種文件檔與影像檔，提供使用者隨時使用，是一種資料儲存服務。下面以一個例子說明：上班族王小明在家裡完成了行銷策略會議要用的資料，王小明沒把檔案存在家裡的桌上型電腦，而是儲存在雲端。王小明到公司後，只要打開公司的電腦，用網路連線到雲端，立刻就能開啟前一晚在家準備好的會議資料檔案。雖然王小明也可以把檔案儲存在USB（隨身碟）帶到公司，但隨身碟有遺失的風險，雲端就沒有這種顧慮。

此外，雲端裡的資料也可以用智慧型手機存取，這一點明顯比儲存在隨身碟方便，且雲端空間比隨身碟大上許多，因此除了文件檔案之

外，各種相片圖檔，甚至於體積很大的影像檔，雲端都放得下。換句話說，雲端就是可以用網路連線存取的地方，使用者可不受時間與地點限制，隨時存取大量資料。

在有雲端服務之前，各種檔案只能儲存在原本建立檔案的電腦上，或以隨身碟等小型儲存設備存放，如同數位環境只停留在「地面」（earth）。不過現在，大家可利用像雲一樣的中央電腦伺服器儲存檔案，不受時間與地點的限制，隨時存取、隨時使用。

用雲端可享受的特權

雲端服務為使用者帶來許多好處。

同前所述，雲端就像天空中的雲時常可見，使用者隨時隨地都能透過網路存取放在雲端的檔案。

從成本面來看，使用雲端的費用不會非常昂貴，同樣值得推薦。舉例來說，企業營運會產生相當龐大的數位資料，若要自己保管，企業必須投資設置機房，購買少則一兩台，多則幾十台伺服器，建立自己的資料中心（IDC），這種投資的金額相當可觀。相對之下，企業若使用雲端，只需依照使用量付費，可減少投資成本，也不會因為營運資料中心而有負擔。

不僅如此，使用雲端還能解決「安全性」的問題。假設企業進行鉅額投資成立了資料中心，某天可能因為伺服器當機造成業務癱瘓，使用雲端則無須擔心伺服器當機影響公司運作。

雖然雲端服務無法保證絕對不會出問題，但雲端服務的對象是全球個人使用者與企業客戶，從這個角度來看，雲端依然有很高的可靠度，

效能還是值得信賴。

雲端運算的種類

　　雲端運算領域大致可分為 IaaS、PaaS 與 SaaS。

　　IaaS（Infrastructure as a Service）是利用網路對最終使用者提供基礎架構的雲端運算型態，稱為「基礎架構即服務」，由雲端業者對客戶提供電腦、支援建立網路，以及出租設備。簡單來說，IaaS 就是使用者向雲端業者租借硬碟（資料儲存）、租用網頁代管服務（租借網路伺服器），讓設備能相互連線，依照使用量支付費用的方式。

　　PaaS（Platform as a Service）稱為「平台即服務」。企業設計應用程式，開發出軟體後，不自己建置讓軟體運作的軟硬體平台，而由雲端業者透過網路，代為提供相關的平台。

　　SaaS（Software as a Service）稱為「軟體即服務」，是雲端業者在軟體的諸多功能之中，讓客戶選擇需要的項目使用，類似客製化軟體的概念，依照使用項目收費。SaaS 的優點在於，使用者可節省開發軟體新功能的成本，也能節省設備投資與維修管理費用，減輕財務負擔。

　　IaaS、PaaS、SaaS 與原本的企業版軟體銷售模式有何差異？企業版軟體是各種檔案、文件都儲存在企業擁有的設備上（內部伺服器），IaaS（租借伺服器）、PaaS（租借平台）與 SaaS（租借軟體）是企業不擁有平台或軟體，改用租借的方式取得，這是雲端與傳統使用方式的最大差異。

▶ **2022至2032年全球雲端市場展望**

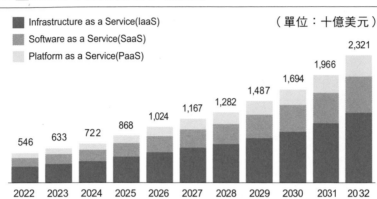

資料來源：market.us.com

雲端運算市場規模與未來展望

　　電腦科學家兼美國麻省理工學院教授約翰・麥卡錫（John McCarthy）在1961年曾說：「將來總有一天，電腦運算也會跟電話系統一樣，成為民眾容易使用的公共設施。」（Computing may someday be organized as a public utility just as the telephone system is a public utility.）後來麥卡錫被尊為雲端運算之父。1995年美國科技公司General Magic以個人數位助理（PDA，personal digital assistant）的Magic Cap作業系統（OS）開發出全球最早的雲端運算功能。2006年Google加入雲端運算市場戰局，與亞馬遜等知名科技大廠展開激烈競爭。

　　由於市場上對雲端運算的關注不減，未來發展性備受看好。市調機構International Data Corporation預測，2025年全球雲端市場規模上看1兆3,000億美元（約合新台幣40兆元）。面對雲端運算市場的強大發展潛

力，Google、亞馬遜等科技業者持續關注市場發展，並且展現影響力。以全球最大的線上影音串流業者網飛為例，就是利用亞馬遜的雲端功能，對全世界用戶提供影片收視服務。

　　雲端運算對辦公型態也帶來創新。現在只要有一台筆記型電腦在手，不管走到哪裡，就算是深夜或清晨，只要用網路連上雲端，所到之處立刻變身為工作環境，「智慧工作」（smart work）的辦公型態悄悄來臨。

三巨頭之「1兆3,000億美元的戰爭」

　　如同前面提過，雲端市場，嚴格來說應該是雲端運算市場，未來有非常好的發展性。依照市調機構International Data Corporation分析的資料，2025年全球雲端市場規模約1兆3,000億美元（約合新台幣40兆元）。市調機構Canalys的資料指出，2023年第1季全球雲端運算基礎設施服務支出為664億美元（約合新台幣2兆元），比2022年同期增加18.7％。市調機構會有這些預測，關鍵在於亞馬遜、微軟、Google等科技大廠看好雲端事業的前景，不吝於進行大規模投資。

　　在2023年第1季全球雲端基礎設施的投資金額之中，亞馬遜的子公司──亞馬遜網路服務（AWS，Amazon Web Service）占了32％，其次是微軟的雲端運算事業部（Azure）23％，Google雲端（Google Cloud）為9％。換句話說，這三家業者的設備投資比率合計高達64％，他們的市場策略又如何呢？

雲端運算盟主 AWS，欲擺脫微軟、Google 追趕

　　AWS成立於2002年7月，2006年3月正式啟動雲端運算事業，是雲端運算三雄中的領先業者。在業績方面，AWS屢傳捷報，2022年營收高達800億美元（約合新台幣2兆4,200億元），營業利益也有228億美元（約合新台幣6,900億元），在全球雲端領域市占率排名第一。市調機構Statista公布的資料之中，AWS在全球雲端市場以市占率32％遙遙領先微軟Azure（23％）與Google雲端（10％）。截至2023年5月，AWS在全球共有31個據點，包括北美地區（美國與加拿大）7個、南美1個、歐洲8個、中東2個、非洲1個、亞太地區12個營業據點。

　　暫居老二的微軟也不甘示弱，積極搶攻雲端市場。微軟在2008年10月27日透過專業開發者大會（PDC，Professional Developers Conference）推出Azure平台。當時的研發計畫名稱是「Project Red Dog」，後來在2010年2月改名為「Windows Azure」，2014年3月25日又再次更名為「微軟Azure」（Microsoft Azure）。

　　微軟在雲端市場雖然起步較晚，卻展現驚人的成長速度。2022年微軟Azure的營收高達753億美元（約合新台幣2兆2,800億元），幾乎與領先的AWS不相上下。不僅如此，美國《財星》（Fortune）雜誌每年依照營收評選的「500大企業」中，有高達85％使用微軟Azure平台，這點顯示微軟Azure深獲大企業信賴。此外，在微軟Azure全球客戶之中，有接近40％是美國客戶，7％是英國客戶，這也讓AWS繃緊神經。因為這個結果表示，微軟Azure平台在最主要的兩個英語系國家很受歡迎。

　　Google在這場競爭之中雖然暫時落後，同樣也是積極追趕。2022年Google雲端的營收為263億美元（約合新台幣7,970億元），約為AWS的

三分之一，並且有 29 億 7,000 萬美元（約合新台幣 900 億元）營業損失，尚未繳出令人刮目相看的成績單。但 2023 年第 1 季 Google 雲端的營收有 74 億美元（約合新台幣 2,270 億元），比 2022 年同期增加了 28％，急起直追的爆發力不容忽視。

　　在營收方面，Google 雲端雖然無法與 AWS 及微軟 Azure 相提並論，但 2023 年第 1 季 Google 雲端有 1 億 9,000 萬美元（約合新台幣 58 億元）的營業利益，已經轉虧為盈。Google 雲端擬一鼓作氣，加速進攻虛擬實境、自駕車、穿戴式裝置（wearables，穿戴在人身上的裝置）等市場。業界預估 2023 年全球虛擬實境市場規模約 311 億美元（約合新台幣 9,542 億元），2030 年自駕車市場規模約 2 兆 3,000 億美元（約合新台幣 70 兆 5,700 億元），2025 年穿戴式裝置市場規模約 308 億美元（約合新台幣 9,450 億元），都是非常有利可圖的市場。

　　AWS、微軟 Azure、Google 雲端的雲端運算競爭目前還是現在進行

▶ **2023 年第 1 季全球主要雲端業者的市占率比較**

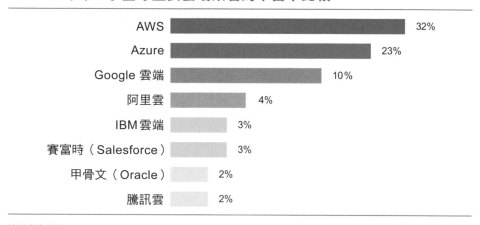

AWS	32%
Azure	23%
Google 雲端	10%
阿里雲	4%
IBM 雲端	3%
賽富時（Salesforce）	3%
甲骨文（Oracle）	2%
騰訊雲	2%

資料來源：market.us.com

式，三家業者為了爭搶市場，不斷推陳出新，以用戶未曾有過的新體驗、客製化的技術與行銷，吸引客戶青睞。

雲端三雄，發展生成式AI猛踩油門

AWS、微軟Azure、Google雲端最近把重點放在新項目上，正是「生成式AI」（generative AI）服務。生成式AI是利用已有的影像、影音與文字內容，創造出新內容的AI技術。最具代表性的生成式AI應是先前提過的ChatGPT、DALL-E等。

生成式AI跟原本的AI有所不同，原本的AI是利用已經輸入的資料對使用者提供資訊，生成式AI不僅能提供資訊，還能透過比較學習歷程，用已有的資料創造新的內容。舉例來說，生成式AI可利用已經輸入的特定歌曲，創造一條新的歌曲，或者依照知名畫家的作品，創作一幅新的畫作或人物肖像。這些都是利用已有的資料作為基礎，加上創作能力才能達成，因此科技業者積極發展生成式AI技術。但生成式AI並非完美，雖然生成式AI能創作出實際上不存在的人物臉孔，卻也可以把知名女星的照片變造成不堪入目的影像，甚至還會捏造假新聞。

儘管生成式AI有不被認同的負面評價，但目前為止，生成式AI依然是能創造全新型態數位內容的先進技術，才會吸引亞馬遜、微軟、Google等科技大廠積極發展。亞馬遜預定在商品搜尋功能加入生成式AI技術，期望讓商品搜尋變成對話形式，針對不同消費者提供專屬的購物建議。簡單來說，AWS欲讓消費者在購物時可使用聊天機器人。Google與微軟也是積極發展生成式AI。Google已啟動生成式AI「Bard」的對話型網路搜尋事業，有別於目前的AI問答大都停留在文字對談，Google除

了文字之外，也提供包含主要資訊與連結的快照（snapshot），讓使用者可從圖片快速掌握問答內容。微軟則是在員工體驗平台「Microsoft Viva」加入AI祕書「Copilot」，希望透過生成式AI對員工提供意見回饋，使員工的生產力提升。

　　AI，尤其是生成式AI的出現，可對零售業界帶來極大創新。因為生成式AI在顧客消費時，可協助顧客確認商品規格，提高成功購買率，像是洞悉消費者心思的「聰明」購物幫手。

13 語音辨識：從單純對機器說話變成與機器聊天

- 1952年美國AT&T的貝爾實驗室開發出「Audrey」，成為語音辨識的「始祖」
- 人口高齡化，一人家戶激增，排解人類寂寞的「人工話友」登場

　　不久前，我在電視上看到一則很有意思的廣告。有一名看起來像獨居老人的老爺爺對著人工智慧（AI）音響說：「吉尼呀，告訴我今天天氣吧！」老爺爺口中的吉尼，是韓國KT電信推出的「GiGA Genie」語音祕書。在廣告裡，吉尼像是老爺爺的「話友」，陪伴著寂寞的老爺爺，萬一有緊急事故也能幫忙撥打119請求救援，宛如一位令人安心的「AI小幫手」。

　　GiGA Genie就是展現語音辨識（speech recognition）技術的實例，象徵人類用聲音操作電腦、控制（control）機器的時代已經來臨。機器到底如何聽懂人的聲音、執行必要的任務呢？

「語音辨識時代」之夢早在七十年前萌芽

　　語音辨識是利用安裝在電腦或電子產品上的聲音感測器（例如麥克風）接收人的聲音，經由電腦或電子產品，把接收到的聲音轉換成單字或句子。早在電話問世時，就已經為研發語音辨識技術奠定基礎。

　　1871年義大利科學家安東尼奧‧穆齊（Antonio Santi Giuseppe Meucci）發明了人類第一個磁石式電話（magneto phone）。穆齊利用人對著話機說話（發送聲音），振動膜因為聲音振動而產生電流，音訊電流經由電話線傳遞到對方的話機，再次經過振動膜使聲音重現。大致上就是聲音利用空氣產生振動，這個振動再轉變為電流的振動。

　　但是穆齊發明電話之後，並未順利申請到專利，以至於讓出生在英國的美國科學家亞歷山大‧貝爾（Alexander Graham Bell）捷足先登，在1876年搶先取得發明專利，成為世界上最早發明電話的人，而非先擁有核心技術的穆齊。

　　科學家經過反覆研究，總算找出不將聲音轉換成電流，而是轉換成數位編碼的技術。能把聲音轉換成數位編碼非常重要，因為電腦能懂數位編碼，這項技術成為發展語音辨識的起點。

　　語音辨識技術的始祖應是1952年貝爾實驗室（Bell Labs）開發的「Audrey」。貝爾實驗室是美國電信業者AT&T的研究機構，Audrey的研發團隊成員有史蒂芬‧巴拉史克（Stephen Balashek）、R‧畢杜爾夫（R.

▶**安東尼奧‧穆齊與他發明的磁石式電話**

Biddulph）與K・H・戴維斯（K. H. Davis）等科學家。Audrey把傳達聲音的音訊轉換成數位編碼，經過辨識之後才下達必要命令（指令）。簡單來說，就是把語音轉換成數位編碼，讓電腦可以理解，而不是把聲音轉換成電流。像這種讓機器聽懂人話，並且有相應行動的概念，早在七十多年前就已經存在，只是當時的技術水準還無法讓人與機器有流利的對談。

1960年瑞典科學家貢納爾・芬特（Carl Gunnar Michael Fant）發明「音源濾波模型」（the source-filter model），也曾受到業界關注。音源濾波模型是一種利用聲帶（vocal cords）發出聲音，透過聲道（vocal tract，從聲帶到嘴唇或鼻孔的通道）獲得線性原聲濾波器的合成技術。「線性」是「像絲線一樣細長的形狀」，「原聲濾波」是避免聲音被扭曲或音質不均勻的過濾裝置。

這部分的內容比較困難，簡單來說，任職於瑞典皇家理工學院（KTH Royal Institute of Technology）的芬特先測量每個人的不同聲音，接著將不同聲音的音量大小（能量）、聲音高低（頻率）、聲音長度（持續時間）的差異縮小，成功創造與人類聲音相同的韻律。藉由人類聲音的韻律及縮小不同聲音的差異，使機器能容易理解。即便如此，當時的電腦或機器還是無法輕易辨識出人類的聲音。

不過人類希望與機器對話的夢想並未就此破滅。1962年美國科技業者IBM利用在西雅圖舉行的世界博覽會，展示能辨識16個單字的語音辨識裝置「Shoebox」。Shoebox的發明人是IBM「先進系統開發研究院」（The Advanced Systems Development Division Laboratory）的工程師威廉・德施（William C. Dersch），Shoebox（鞋盒）名稱的由來是因為該裝置的尺寸與皮鞋的盒子類似。

▶ IBM 研發的「Shoebox」

資料來源：IBM

　　Shoebox出現之後，語音辨識技術的發展速度逐漸加快。首先是隸屬於美國國防部的國防高等研究計畫署（DARPA），積極建置語音辨識的基礎設施。美國國防部想知道如果戰爭爆發，是否能只透過人的聲音就可控制武器。1971年美國卡內基美隆大學發表語音辨識系統「The Harpy System」，該系統可理解一千多個詞彙，相當於三歲兒童的語言程度。在The Harpy System之後，科技業界開始研發不僅能理解詞彙，還能理解句子的語音辨識技術。

「隱藏式馬可夫模型」、「自然語言處理」，語音辨識技術上軌道

　　語音辨識技術雖然以美國為主持續發展，俄羅斯數學家安德烈・馬可夫（Andrey Markov）也貢獻卓著，提出所謂的「隱藏式馬可夫模型」

（HMM，Hidden Markov Model）。

「隱藏式馬可夫模型」簡單來說，是用「已輸出（已產生）」的資訊推測未來可能出現的「隱藏（hidden，尚未被發現的）」資訊。若以「地下鐵」一詞為例，當人對電腦說出「地」，電腦就會開始搜索所有以「地」為字首的詞彙。若人再說出「下」，電腦會同時搜尋與「地」、「下」最有關的詞彙，最後搜尋出「鐵」等多個選項。這時人若說出電腦已經預測到的「鐵」字，電腦便會快速搜尋與地下鐵有關的資料。這個方式被稱為隱藏式馬可夫模型，如同地下鐵的例子，電腦會依照已經輸入的資訊，預測未來可能出現的資訊。

馬可夫在1913年發表隱藏式馬可夫模型，是一種利用最少資訊來預測衍生內容的系統，至今仍獲得相當高的評價，為機器從聽懂人說的單字，朝向聽懂整句話的發展奠定基礎。IBM對這種資訊預測功能非常感興趣，1980年代開始利用隱藏式馬可夫模型開發語音辨識系統。

語音辨識，在行動電話、汽車、AI音響應用廣泛

語音辨識技術從初期只能掌握基本單字，後來變成能預測相關單字，現在已經發展出「自然語言處理」（NLP，natural language processing）技術，能掌握語音裡的單字意義。

以前語音辨識對語意的掌握，侷限在主語、謂語、受詞、名詞、動詞、形容詞等的文法框架下進行研究。以英文為例，一個句子基本上要先有主詞（S），後面才有動詞（V）、補語（C）、受詞（O）等，電腦以這種語順分析語意。後來因為人工智慧與自然語言處理技術發展，才能進入學習整篇文章（與語順）的階段，了解文章的意思，並且像隱

藏式馬可夫模型一樣，能預測接下來人類可能會說的話。現在語音辨識功能可聽懂超過一萬個詞彙，技術水準遠超越只能理解一千多個詞彙的「The Harpy System」。

語音辨識功能與日俱進，除了能聽懂人話、預測接下來的對話，有時還能提出建議。現在語音辨識技術不只存在於電腦，也被應用到許多科技產品，大家最熟悉的應該是行動電話。

1990年代後期，三星電子與樂金電子推出支援「語音撥號」功能的行動電話，讓行動電話進入語音辨識時代。其中，樂金電子改良語音辨識技術，1997年推出標榜「特定語者」（speaker-dependent）功能的行動電話。特定語者是一種分析聲紋的生物辨識技術，只接受特定對象的聲音，依照指示行動。換句話說，該行動電話只認識「主人」的聲音，只有手機的主人才能使用。

不過特定語者功能未能獲得市場回響。雖然手機限定只接受使用者本人的語音指令，可防止他人盜用，但使用者卻必須事先對著手機錄下各種語音指令，過程太過麻煩。2002年三星電子推出不特定語者（speaker-independent）技術，只要有人說話，手機就能從已儲存在通訊錄的號碼直接撥號。2005年三星電子推出「語音—文字轉換」功能，可將手機使用者說的話轉換為文字傳送訊息。

語音辨識功能除了應用在前面提到的「GiGA Genie」等AI音響或行動電話，近期也出現在電視、冰箱等家電產品，甚至是汽車。以冰箱為例，使用者不必打開冰箱，只要問冰箱裡面有哪些食材，就能得到答案，也能靠說話命令冰箱調整溫度。汽車也能靠語音辨識操作需要的功能，讓駕駛人更專注於駕駛。駕駛人只要開口說出指令，無須動手按鈕，汽車就會自動執行應有的操作，有助於降低行駛途中因為駕駛人分

心而發生事故的機率。

全球語音辨識市場飛快成長，2029年規模上看497億9,000美元

　　語音辨識功能對經濟的影響增加，未來市場發展性也備受看好。市調機構Fortune Business Insights的資料顯示，2022年全球語音辨識市場規模為1,000萬美元（約合新台幣3億元），預估能以年均成長率23.7％增加，2029年達到497億9,000萬美元（約合新台幣1兆5,200億元）。除了行動電話之外，語音辨識功能陸續被搭載在人類生活中會經常接觸的各種裝置，例如：電腦、AI音響、電視、冰箱、汽車等等。

　　語音辨識技術未來應會愈來愈受歡迎。隨著人口高齡化，獨居老人增加，一人家戶的數目也愈來愈多，有一個「話友」陪伴聊天，減少孤獨、寂寞的重要性愈來愈大。除此之外，汽車攸關人類的生命安全，語音辨識功能有助於提升行車安全，可讓快樂駕駛、平安回家的時代提前來臨。

14 太空探索：開拓無疆界、無主人的太空領土

- 全球有七個月球探測國：蘇聯、美國、中國、日本、歐盟、印度、韓國
- 2040 年全球太空經濟市場上看 27 兆美元

　　相信大家小時候都曾看著天上高掛的月亮，想像著吳剛伐木、嫦娥奔月與玉兔搗藥。不曉得古代人是否也有同樣的想像？據說在朝鮮三國時代出土的文物之中，有一幅畫正是描繪月球上的玉兔正在桂樹下搗藥，由此可見，自古以來人類就對月球充滿想像。

　　由於月球一直讓人類充滿好奇，才能激發出人類挑戰月球的欲望。人類最早成功探測月球是以前的蘇聯。1959 年 1 月蘇聯發射太空船「月球 1 號」（Luna 1）率先進入月球軌道；1959 年 10 月，月球 3 號（Luna 3）首度將月球另一面的照片傳送回地球。1966 年 1 月蘇聯發射無人太空船月球 9 號（Luna 9），成功著陸月球，將月球表面的照片傳回地球。可惜蘇聯並未讓人類成功登陸月球。

　　蘇聯發展月球探測的驚人進展強烈刺激美國，美國開始急起直追，想要以有人（有人搭乘的）探測太空船「阿波羅計畫」（Apollo）超越蘇聯。1968 年 12 月美國朝月球發射阿波羅 8 號（Apollo 8），是世界上第一艘有人類搭乘的太空船。阿波羅 8 號在繞行月球軌道十圈之後，成功返回地球。1969 年 7 月 20 日搭載尼爾・阿姆斯壯（Neil Armstrong）與伯茲・艾德林（Buzz Aldrin）兩位太空人的阿波羅 11 號（Apollo 11），為

人類歷史寫下登陸月球的新紀錄。包含阿波羅 11 號在內，之後還有阿波羅 12 號、14 號、15 號、16 號與 17 號，一共六次有太空人登陸月球。

　　人類對月球的探險不曾停止，在蘇聯、美國之後，中國、日本、歐盟（EU）、印度也先後成功探測月球。但這些國家發射的太空船並未降落在月球表面，僅以「月球軌道探測器」在月球附近公轉，執行探測任務。月球軌道探測器屬於人造衛星的一種。

賞月號，韓國首次進行月球軌道探測，目標 2032 年登陸月球

　　韓國也跟其他先進國家一樣，積極發展月球探測。2022 年 8 月 5 日，由韓國政府出資的韓國航太研究院（Korea Aerospace Research Institute）發射韓國第一個月球軌道探測器「賞月號」（Danuri）。由於賞月號成功進入月球軌道，韓國成為世界第七個進行月球探測的國家。但韓國並非只想探測月球軌道，正在籌備 2032 年以太空船登陸月球。[1]

　　從世界各國發展月球探測的歷史來看，不難發現人類對月球的好奇心與勇於挑戰的決心，都還是現在進行式。以前發展月球探測是由各國政府支援推動，最近民間企業的表現毫不遜色，爭先恐後想上太空，如同進入了「新太空」（new space）時代。新太空時代反映了「民間主導」的意思，也稱為「私人太空飛行」（private spaceflight）。

---

[1]　譯註：台灣雖然有不少發射衛星的經驗，但是這些衛星都在地球附近，大約距離地表 500 至 600 公里，最遠的福衛二號也是到 900 公里左右。月球探測目前對台灣還是很遙遠的目標。

在新太空時代有三家公司積極競爭，分別是藍色起源（Blue Origin）、SpaceX及維珍銀河（Virgin Galactic），都是美國的太空旅遊業者。

藍色起源是2000年9月8日由傑夫·貝佐斯（Jeff Bezos）設立的民間太空開發公司，貝佐斯正是全球最大網路電商亞馬遜的創辦人。藍色起源的使命是讓一般人也能到太空旅行，提供膠囊火箭讓旅客搭乘，載送旅客到太空的邊界（離地表100公里處），讓旅客可以從太空鳥瞰地球。2023年5月藍色起源入選為美國太空總署（NASA）月球登陸艦的建造單位，消息一出曾喧騰一時。藍色起源預定2028年試飛無人月球探測器，一舉從太空觀光產業脫穎而出。

競爭對手SpaceX也不是省油的燈，不願意看藍色起源獨占鰲頭，同樣為了進軍太空積極發展。

SpaceX是特斯拉執行長伊隆·馬斯克在2002年5月6日成立的太空探測公司，2014年與美國太空總署簽約，負責送太空人上地球的低軌道。2020年8月兩名隸屬於美國太空總署的太空人搭乘「飛龍號」（Crew Dragon），由SpaceX送上國際太空站（ISS，International Space Station），並且順利返回地球，為民間太空時代開啟大門。不僅如此，SpaceX在藍色起源之前，也曾與美國太空總署簽署月球登陸艦的建造合約。馬斯克全力衝刺太空事業，把人類移民火星作為長期發展方向，希望將來人類能在各個行星上生活。馬斯克表示，最快2025年太空人就會登陸火星，往後的40至100年內，會把一百萬名地球人送上火星。

維珍銀河當然也不甘示弱，對探索太空展現壯志雄心。英國企業家理查·布蘭森在2004年成立維珍銀河，2021年7月成功進行有人搭乘的太空船飛行，向貝佐斯與馬斯克下戰帖。

這三家業者推出的太空旅遊商品大都是在無重力的太空停留3至5分

▶**藍色起源、SpaceX、維珍銀河**

資料來源：www.kompasiana.com

鐘，最久停留幾天，接著就返回地球。將來若太空船技術與安全裝置更
可靠，觀光客或許也有機會實際踏上月球表面，近距離欣賞月球風光。

「探測稀有資源、研發太空網路、太空船發射載具性能提升」這些機會可別錯過

　　難道藍色起源、SpaceX與維珍銀河發展太空探測技術只為了發展太
空觀光？其實太空觀光只是其中一項目的，探測月球上的稀有資源，才
真正具有龐大的經濟效益。舉例來說，月球表面含有氦-3元素（3He，
氦的同位素），可作為未來的潔淨能源使用。氦-3由兩個質子與一個中
子組成，若與海水裡豐富的氘元素（2H，氫的同位素，一個質子與一個
中子）進行核融合，會釋放非常龐大的電能，而且不會留下輻射能。由於
氦-3能解決人類的能源問題，也不會危害環境，是備受期待的替代能源。

　　太空開發事業有觀測地球、太空網路、太空站整等等，為人類開啟一直以來充滿想像的世界。當人類從地球朝太空發射的衛星愈來愈多，必須有人負責處理廢棄的衛星，這項需求將使「太空垃圾清潔」公司增加。沙漠、荒野與極圈以往沒有網路連線，現在則可透過建置太空網路提供訊號，而且在太空網路架設完成後，人類不論去到世界任何角落，都能立刻連線上網，出國旅行也不必再申請國際漫遊，國際漫遊的服務未來可能成為歷史。亞馬遜的子公司柯伊伯（Kuiper）發展「柯伊伯計畫」（Kuiper Project），朝地球的低軌道發射通訊衛星，想全世界各個角落都能使用通訊服務。往後的十年內，亞馬遜預定在距離地面高度590公里、610公里、630公里的低軌道共發射7,774顆衛星，發展太空網路事業。

　　除此之外，太空事業的發展也帶動太空船發射載具性能提升。太空船必須由發射載具帶往大氣層之外，發射載具則是利用裝滿燃料的兩段式結構脫離大氣層。目前這種發射載具大都被丟棄在海洋或太空，近期有業者開發出回收技術，可將發射載具回收再利用，節省太空船發射成本，進而使探索太空的成本降低。從長遠的角度來看，發射載具的重複使用及性能提升，可減少燃料用量，讓太空船飛行到比月球更遠的距離，等同於開啟了探索其他行星的時代。火星的大氣層含有豐富的二氧化碳，假如能從地球把氫帶到火星，在火星利用二氧化碳和氫製造出甲烷（methane），作為火箭的回程燃料，如此一來就無須在出發時先裝載回程用量，等於直接在火星加滿甲烷後重回地球。

　　不僅如此，如果利用太空的無重力特性從事先進技術研發，也可能有所突破。以半導體為例，半導體因為重力（gravity）因素，在地球上最大只能以12吋晶圓（300㎜）進行生產，若移到太空站等地球以外的

地方，尺寸可增加到20吋（500㎜）。當晶圓的尺寸變大，半導體的良率（品質良好的合格品占全部成品的比率）提升，業者可賺取更高獲利。

　　在新藥領域，某些實驗不容易在有地球重力的地方進行，若換到太空中實驗，或許可加快生醫、新藥的研發與商用化速度。

太空開發事業快速發展，2040年規模上看27兆美元

　　太空事業的影響範圍廣，未來發展性備受看好。由韓國航太研究院與經濟合作暨發展組織（OECD，Organisation for Economic Cooperation and Development）公布的資料顯示，2020年全球太空經濟市場規模約4,470億美元（約合新台幣13兆元），預估2040年可達到27兆美元（約合新台幣818兆元），增加幅度約60倍。

　　隨著可帶動太空經濟市場快速成長的「未來潛力事業」陸續出現，韓國政府與民間企業也開始有相關推動。最近韓國政府似乎有意進行組織架構調整，新增類似美國太空總署的「太空航空廳」。由於太空產業被視為帶動未來經濟發展的核心，若要開拓「無疆界、無主人的」太空領土，即刻起，政府與企業必須加緊努力。

15 超大型AI、機器學習：思考能力已如同人類水準

- 挑戰人類智力的 AI 登場
- 1997 年 IBM 的超級電腦「深藍」擊敗西洋棋王
- GPT-3 催生超越人類智力的超大型 AI

大概沒有什麼能比人工智慧（AI，artificial intelligence）更刺激人類的好奇心。1818 年英國女作家瑪麗・雪萊（Mary Shelley）撰寫了一部科幻小說 ——《科學怪人》（*Frankenstein*），裡面的科學家弗蘭肯斯坦（Frankenstein）為了製造人造人，不惜拼湊屍塊並賦予生命，創造出一個怪物。這個怪物怨恨弗蘭肯斯坦把自己造得如此醜陋，於是展開對弗蘭肯斯坦一家人的復仇，情節像是由人類創造的怪物會自己學習、自己判斷，成為一種 AI 怪物。小說裡雖然沒直接提到 AI 這個詞彙，但故事的發展有許多分枝，提到了代替人類的智慧型生物體、機器人等，都採用了高科技。

由於人類能利用演繹法與歸納法推導出各種可能性，一直以來科學家都認為，學習、推理、論證、應用是人類的固有領域。相對之下，機器必須輸入數據才能運作，對情勢的判別與決策也取決於先前輸入的資料，因此人類深信機器的思考範圍有所受限。但是現在，電腦也會用演繹法與歸納法來判斷事情，這種展現人類智力的電腦稱為 AI。

來自「圖靈機」的AI之夢

　　與AI有關的技術雖然近年才陸續出現，但在很久以前，人類就對AI抱持想像。1936年英國的天才數學家艾倫‧麥席森‧圖靈（Alan Mathison Turing）提出「圖靈機」（Turing Machine）的概念，成為後來製造電腦的理論基礎。圖靈機是圖靈為了說明電腦演算法設計的抽象化數學邏輯，只是一種計算模型，並非真正的機器。

　　圖靈機分為紙帶（tape）、紙帶頭（head）與狀態記錄器（state register）共三個部分。圖靈的理論大概是說，如果資訊記錄在紙帶上（The input is written on the tape），紙帶頭會讀取紙帶上的符號（The head reads the input tape），狀態記錄器負責儲存圖靈機的狀態（State register stores the state of the Turing machine），並且以畫面呈現。雖然看起來像是很艱澀的內容，其實就是依照既定順序處理、儲存資料的流程。圖靈利用這個模型向世人介紹機器處理資料的過程，主張機器處理資料的過程

▶圖靈機

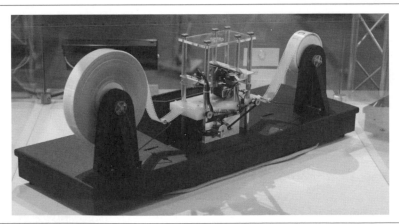

與人類判斷事情的過程大同小異。圖靈機展現的原理正是現在電腦的運作原理，當時的紙帶如同現在電腦的「記憶體」，紙帶頭如同電腦的中央處理器（CPU）與鍵盤，狀態記錄器如同電腦螢幕。

圖靈機成為研究AI的起點。1948年圖靈在英國國家物理實驗室（National Physical Laboratory）發表一篇名為〈有智慧的機器〉（Intelligent Machinery）的研究報告，內容提到機器也能像人工神經網絡（ANN，artificial neural network），利用演算法像人類一樣思考。這段話可看成是人類對AI最早的「闡述」。

不過學界首次對外正式介紹AI則是1956年。美國達特茅斯學院（Dartmouth College）教授暨電腦科學家約翰・麥卡錫參加1956年舉行的「達特茅斯會議」（Dartmouth Conference），麥卡錫在說明AI研究計畫的執行過程提到，「機器擁有知識，能自己學習、自己行動的時代正在來臨」。當時艾倫・紐厄爾（Allen Newell）與赫伯特・亞歷山大・西蒙（Herbert Alexander Simon）等科學家也認為，不久的將來，電腦可成為西洋棋競賽的世界冠軍，也能創作出有如樂聖貝多芬等級的雄壯樂曲。

這些科學家的預言後來成真。1980年代，科學家分析人類的腦部結構，開發出可用在電腦的「神經網絡理論」，把AI研究帶入新的階段。1997年IBM的超級電腦「深藍」（Deep Blue）擊敗當時世界西洋棋錦標賽的棋王加里・卡斯帕洛夫（Garry Kasparov），人類終於知道，AI再也不是科幻小說裡才有的情節，真的有可能出現在現實生活中。

「深度學習」成為AI技術突飛猛進的轉捩點

受到深藍擊敗世界棋王的鼓舞，2006年IBM利用「深度學習」（deep

▶ IBM 的「深藍」（右）挑戰世界棋王加里・卡斯帕洛夫

資料來源：IBM

learning）技術，讓 AI 技術更上一層樓。深度學習是電腦能自己組合、分析外部資料，並且加以學習的技術。這裡我想考考各位，深度學習的「深」是什麼意思？

　　深（deep）是「資料轉換的層數」（the number of layers through which the data is transformed）。簡單來說，人工神經網絡是由許多層（layer）層層堆疊、相互連結的技術。

　　深度學習採用了人工神經網絡技術，而人工神經網絡是科學家研究人類腦部結構的產物。人類的腦神經細胞與相鄰的腦神經細胞緊密連結，形成更大的神經迴路組織。圖靈與西蒙等科學家認為，只要把 AI 的人工神經網絡做得像人腦結構，由許多層來形成網絡，就能接近人腦的功能，對 AI 輸入資訊，AI 就能自己連結處理。結果 AI 真的跟人腦一樣，只要接收資訊，就能自己進行深度學習。現在 AI 可藉由深度學習技術，像人腦一樣累積資訊，做出判斷。

　　自駕車就是運用深度學習技術的實例。自駕車利用安裝在車上的感測器收集訊號、偵測障礙物，利用語音辨識功能讓駕駛人直接說話操控車內的系統，這些都使用了深度學習技術。

　　深度學習展現出「機器學習」（machine learning）的重要性，機器學習是AI的另一項特徵。

　　在AI研發初期階段，科學家採用「監督式學習法」（supervised learning），對電腦輸入特定規則。不過這種方式無法因應「海量資訊時代」排山倒海而來的資料，只有在進入電腦的資料量不多時，才能展現學習效果。後來科學家開發能讓AI自主接觸資料、自主分析、自主學習的機器學習技術。「機器學習」採用深度學習技術，使AI可以像人的大腦一樣，直接累積資料並做判斷。機器學習在分析大量資料，找出特徵與關聯性後，利用這些規則做出結論，像是機器（電腦）在學習。這項技術最早出現在美國電腦科學家亞瑟・塞繆爾（Arthur Samuel）於1959年發表的論文。

▶**機器學習流程圖**

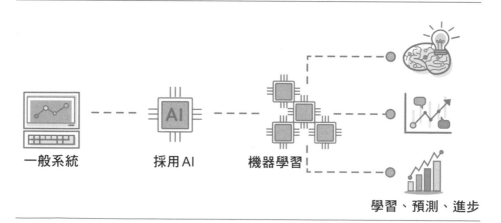

一般系統　　　採用AI　　　機器學習

學習、預測、進步

　　機器學習是電腦經由自主分析資料與學習的過程，進而具備解決問題的能力。2016年Google的「AlphaGo」在圍棋競賽擊敗韓國九段高手李世乭，AlphaGo就是集結機器學習技術的產物。AlphaGo的研發團隊為了開發能擊敗人類的圍棋AI，採用了「蒙地卡羅樹搜尋」（Monte-Carlo tree search）與「卷積神經網絡」（convolution neural network）兩項技術。

　　蒙地卡羅樹搜尋在圍棋的棋局中，當對手已經決定下這一手，電腦會針對這步棋的應對方式進行演算，以樹枝狀的形式（tree）排列各種可能結果（分析），最後做出最佳選擇。卷積神經網絡則是利用數學函數取得影像的深度學習技術，如同人類肉眼看見的事物由大腦進行辨識，電腦在取得影像後以資料型態進行處理。簡單來說，AlphaGo利用卷積神經網絡辨識「19×19（361手）」的盤面，把對方的著手（棋子放在棋盤的位置）資訊作為輸入值，計算能獲勝的應對策略。

　　AlphaGo以專業棋士對弈的棋譜作為學習資料，總共學習超過三千萬個棋局，盡可能網羅專業棋士的每一手應對策略。AlphaGo具備12層人工神經網絡，包括「政策網絡」（policy network）與「價值網絡」（value network）。政策網絡負責分析棋子該放在哪裡，價值網絡計算當棋子放在特定位置時的勝率。AlphaGo利用這樣的機器學習，擁有能在圍棋領域擊敗人類的分析系統與預測系統。

「超大型AI」時代來臨

　　隨著深度學習技術持續發展，AI業界也進入「超大型AI」（hyperscale AI）時代。所謂的超大型AI是AI透過累積、處理巨量資料，發展成接近人類水準的思考能力。

　　超大型AI若要像人一樣能自己思考、自己判斷，要學習的資料量會是一般AI的好幾百倍，因此需要上千億個參數（parameter）。參數是語言模型在學習過程「操縱人工神經網絡的數字」，如同人類大腦的突觸（synapse）。人類的大腦約有一千億個神經元（neuron，神經細胞），神經元與神經元之間相互連結進行資訊處理。連結神經元的東西是突觸，人類的大腦約有一百兆個突觸。因此，若要AI發揮優異的效能，參數數量必須接近人類大腦的突觸數量才行。

　　最具代表的超大型AI是GPT-3。GPT-3是OpenAI開發的語言模型。OpenAI由特斯拉執行長伊隆‧馬斯克及多位美國矽谷的知名人士合作創辦，2020年6月首次對外發表GPT-3。前一代（GPT-2）的參數雖然只有15億個，GPT-3的參數卻已高達1,750億個。[1]

　　由於GPT-3具備1,750億個參數，展現出與其他AI不同凡響的智慧。到這裡我又想考考各位，韓國有最多參數的AI是哪一個？答案是樂金AI研究院（LG AI Research）開發的EXAONE，參數高達3,000億個。其他還有網路業者Naver也在2021年推出有2,040億個參數的超大型AI「HyperCLOVA X」，韓國科技業者也非常積極發展AI。[2]

　　超大型AI的智力能發展到哪裡，不是一件容易預測的事情。若以目前技術進步的速度來看，超大型AI極可能超越人類的能力，成為產業界「改變遊戲規則的角色」（game changer），這一點應該毋庸置疑。

---

[1] 譯註：OpenAI公司於2023年3月14日發布GPT-4，並未公布參數數量。
[2] 譯註：華碩的子公司台智雲開發出「福爾摩沙大模型」，有1,760億個參數。

16 VR、AR、MR、XR：現實與空間的無限擴張

- 現實與虛擬現實的美妙相遇，創造出前所未有的科技
- 雖然視覺、聽覺有超凡體驗，嗅覺、觸覺仍有改善空間

時間設定在2045年，人類正處於糧食不足與經濟衰退的民不聊生，有一群人為了撫慰鬱悶的心情，打開了「綠洲程式」（OASIS）。這個綠洲並非沙漠中的水源區，而是由「ontologically（存在論）、anthropocentric（人類中心主義）、sensory（感官）、immersive（電腦系統或影像圍繞使用者）、simulation（模擬實驗）」這幾個英文單字的字首縮寫，是一種沉浸式多媒體（immersive multimedia）或電腦模擬生活（computer simulated life）。人類在名為綠洲的網路世界化身為自己喜歡的角色（虛擬分身），到想去的地方，做自己想要的事，還能穿上具有「觸覺技術」的衣服，在網路世界獲得觸覺上的感受。

前面的敘述其實是電影劇情，來自於英國導演史蒂芬・史匹柏（Steven Spielberg）的科幻冒險電影《一級玩家》（Ready Player One）。《一級玩家》描述欲擺脫憂鬱現實的人類本能，電影裡出現的科技就是「虛擬實境」（VR），也就是最近資訊科技領域常被提及的技術。把現實與虛擬放在一起的「虛擬實境」到底是什麼意思？就是讓人在電腦創造的虛擬世界裡感覺身歷其境。

虛擬實境，應回溯到1938年

　　虛擬實境（VR，virtual reality）雖然近幾年才受到重視，其實這個概念在1938年已經出現在法國劇作家兼電影演員安托南・阿爾托（Antonin Artaud）出版的散文集，阿爾托把劇場（theatre）描述為「虛擬實境」（la réalité virtuelle〔the virtual reality的法文〕）。阿爾托認為，電影雖然包含了演員的模樣，但在電影院裡，真正與觀眾見面的不是演員，只是由光和影像展現的畫面。換句話說，雖然這些演員不是以物理型態存在於現實之中，但觀賞的人覺得這些光和影像如同真人，因此阿爾托使用了「虛擬實境」這個詞彙。

　　之後在1970年代，美國的電腦專家邁倫・克魯格（Myron Krueger）用「人工現實」（artificial reality）描述虛擬實境的移轉概念。

　　直到1982年澳洲科幻小說家達米恩・布羅德里克（Damien Broderick）出版《猶大曼陀羅》（*The Judas Mandala*）一書，虛擬實境這個詞才被以現代化的意義使用。後來虛擬實境獲得一般人的關注，相關技術的開發如雨後春筍。

　　若要好好享受虛擬實境，絕對少不了「頭戴式顯示器」（HMD，head mounted display）。頭戴式顯示器通常是前面封閉的長方形黑色眼鏡，直接戴在頭上。為了幫使用者營造脫離現實的感覺，頭戴式顯示器上會有麥克風、揚聲器等多種感測器。

▶頭戴式顯示器

資料來源：Viulux

　　戴上這種VR裝置，使用者能感覺與現實脫離，進入了虛擬世界。例如：身處在首爾的使用者如果戴上VR裝置，瞬間宛如置身在紐約街頭，也能從外太空俯瞰地球，甚至於變身為賽車選手在賽道上奔馳，當然也能360度旋轉觀賞任何景象。若將VR裝置與控制器連線，使用者還能與虛擬世界裡的人物互動。

嗅覺、觸覺技術仍有發展空間

　　虛擬實境只能在VR裝置呈現的虛擬世界裡活動，使用者無法從目前的所在位置「物理移動」到VR展現的場景或場所，而且也只能用眼睛看、用耳朵聽，不能直接觸碰虛擬世界裡的事物，因為業界還沒開發出可以觸摸的「觸覺技術」。由於目前還無法用手觸摸，使用者在進行VR遊戲時，多少會覺得無法完全投入。

　　不過最近學界已經研發出嗅覺技術，可透過VR裝置聞鬆餅、榴槤等食物、水果的氣味，詳細內容刊載在2023年5月10日出刊的《自然通訊》（*Nature Communications*）國際期刊。

　　由中國北京大學與香港城市大學聯合組成的研究團隊，研發出兩種支援嗅覺功能的VR裝置，一種是把晶片貼在使用者鼻子下方，另一種類似口罩形狀。這兩種發明都含有石蠟（paraffin wax），能讓使用者聞到氣味。石蠟是提煉石油產生的副產品，為半透明的固體，主要用在蠟燭、軟膏、化妝品的製造，能散發出各種香味。使用者若戴上頭戴式VR裝置，把眼前出現的花、食物等東西靠近鼻子，嗅覺裝置就會在兩秒鐘內散發出該物品的氣味。這是利用調配石蠟成分產生氣味的技術。

　　這項嗅覺VR技術還在實驗階段，將來若真有能聞到氣味的VR裝置

上市，可應用在遊戲、4D（四度空間）電影等多種領域。一般我們到電影院看電影，都是聲音與畫面的二度空間（2D）享受，3D電影必須配戴特殊眼鏡，才能看到電影中的特殊效果。4D電影則是除了原本的3D效果之外，再加上嗅覺（氣味）與觸覺技術。

從VR到AR，「精靈寶可夢」吸引人氣

VR是讓人感覺進入虛擬世界的技術，難道虛擬世界裡的橫切面無法展現在現實世界？這種把電腦創造的事物、景色放在現實世界裡重合的技術叫作擴增實境（AR，augmented reality）。

AR大致上可看成是VR的一部分。AR是在現實世界裡合成虛擬事物或資訊，彷彿虛擬世界真的存在於現實，是一種電腦繪圖技術。「擴增實境」這個名稱是指以現實為基礎擴增（augmented，增加、強化）其他資訊（虛擬世界的資訊），類似在現實世界裡增加虛擬資訊。

AR是讓使用者在現實世界看到虛擬事物，如同讓使用者在現實之外獲得額外資訊。以智慧型手機為例，使用者透過智慧型手機的鏡頭瀏覽周圍景色，附近的餐廳、店鋪都被顯示成立體影像，這就是一種AR技術。又如汽車上的抬頭顯示器（HUD），讓駕駛人可在擋風玻璃上看到車速、位置等行車資訊，也是屬於AR的應用。另一個代表性的AR裝置是Google眼鏡（Google Glass），當使用者戴上Google眼鏡，鏡片上可顯示道路資訊與搜尋結果。

AR使用者不只是與虛擬實境互動。VR技術無法讓使用者有物理移動，AR卻能做到。曾經在全球掀起旋風的「精靈寶可夢」手機遊戲，堪稱是應用AR技術的經典代表。2016年7月位在美國舊金山的遊戲公司

Niantic發表《精靈寶可夢》（*Pokemon Go*），以使用者的位置為基礎，合成電腦創造的卡通人物與手機鏡頭拍攝的實際影像，展現出人工世界。換句話說，精靈寶可夢是行動裝置AR遊戲，利用有GPS（全球定位系統）功能的行動裝置，在實際地點顯示虛擬寶可夢生物，玩家能與這些寶可夢互動（捕捉）。由於精靈寶可夢採用了遊戲業界前所未有的新技術，2016年7月上市後，首八週的下載次數超過五億次。

除了精靈寶可夢成功應用了AR技術，AR也應用在模擬家具陳設與衣服試穿。透過AR技術，消費者不必親自試穿衣服，就能比較衣服的色彩或尺寸合適與否，也是具有經濟效益的應用。

MR、XR接力出現，虛擬世界的應用無限

繼VR與AR之後，最近還有混合實境（MR，mixed reality）與延展實境（XR，eXtended Reality）技術接連出現。MR、XR與VR、AR有什麼差異？

簡單來說，VR是處理現實與遙遠的虛擬世界，AR是把虛擬與現實重合的世界，MR則是擷取VR與AR優點的技術。例如用虛擬的方式重新擺設辦公室裡的實體辦公桌椅，這就是MR技術。又如汽車公司要設計新車款時，不以泥土等實體素材打造原型（prototype），而是利用虛擬世界製造原型車，並且進行各種測試，這也是MR技術的應用。在電影《關鍵報告》（*Minority Report*）裡，湯姆·克魯斯（Tom Cruise）在空中顯示出電腦畫面、戴上特殊手套撥動空中電腦畫面的技術也是MR。

XR應用了VR、AR與MR技術，特徵是讓使用者在虛擬世界與現實世界的臨場感受發揮到極致。

| 第2章 |

從未來金融與投資
看經濟知識

17 賭場資本主義：科技愈發達，人類愈貪婪

- 凱因斯曾批判資本市場變成賭場
- 人類無止境的貪念導致金融事件頻傳
- 若人人都想大撈一筆，將阻礙經濟與資本市場發展
- 政府應加強監督管理，避免賭場資本主義盛行

　　各位是否聽過賭場（casino）？賭場裡有輪盤、吃角子老虎、撲克牌等很多種賭局。輪盤是一種由紅黑兩色相間的轉盤，上面標示0至36的數字，莊家會把球投進轉盤，等球停止滾動時，依照球靜止的位置、顏色、數字決定輸贏。吃角子老虎是一種遊戲機，賭客把硬幣投入機器後拉下停止拉桿，如果機台出現的圖案連成一線，就會掉出一定的彩金。

　　雖然在賭場裡有可能因為運氣好贏得很多錢，也有可能一不小心就輸光。不管是以前或現在，通常去賭場的人都相信「七分天注定，三分靠打拚」，認為一個人的成就多半是靠運氣。

從美索不達米亞時期至今的「賭博」歷史

　　賭場與各種賭局一直伴隨著人類的發展歷史，從美索不達米亞文明時期到古希臘與古羅馬時代、拿破崙時代、十六世紀英國女王伊莉莎白一世時代至今，不曾間斷。西元前3000年，居住在美索不達米亞平原上

的人類利用六面骰子賭博，西元前1000年，中國周朝的百姓利用動物相鬥來下注。

世界上第一個合法賭場是在義大利東北方靠海的威尼斯共和國，也就是大家熟悉的威尼斯（Venice）。Venice是英文發音，義大利文是Venezia。

1638年威尼斯共和國開設名為「聖莫伊茲堡」（Ridotto di San Moise）的公共賭場，作為能合法奪取對方財物的場所。威尼斯如同賭場的發源地，之後由義大利開始的賭場旋風迅速席捲美國、澳門、南美洲與俄羅斯等地。

賭場能普及全世界，主要是因為賭博會讓人上癮。曾在賭場贏大錢的人，一輩子都無法忘記贏錢時的快感。因此不論政府是否以法令禁止賭博，始終無法根除賭博活動，沉迷於賭博的人也不在乎是否會身敗名裂、流落街頭。

除此之外，賭博給人的負面印象非常強烈，若談到與賭場有關的事，通常也會跟「非法」聯想在一起。

▶古希臘時代的賭博示意圖

　　既然如此，把賭場與資本主義相提並論的「賭場資本主義」（casino capitalism）又是什麼意思呢？如同前文所說，賭場資本主義是一種投機且助長僥倖心態的資本主義，也是帶有非法手段的資本主義。

凱因斯與史翠菊，批判「投機性資本主義」亂象

　　經濟學家約翰・梅納德・凱因斯（John Maynard Keynes）被尊稱為「總體經濟學之父」。凱因斯在1936年撰寫的《就業、利息和貨幣之一般理論》（General Theory of Employment, Interest, and Money）一書中，對賭場資本主義進行批判。凱因斯提到投資事業（large speculative ventures）出現的過度樂觀與蕭條週期（boom and bust cycles），批評讓人賺錢又輸錢的股票市場結構是「賭場資本主義」。凱因斯認為，股票市場就像賭場，都能讓人一夜致富或一貧如洗。

　　1929年秋天，美國華爾街股市崩盤，全世界陷入經濟大蕭條，更讓凱因斯認為股票市場與賭場無異，對股市抱持負面態度。

　　1986年英國經濟學家蘇珊・史翠菊（Susan Strange）以《賭場資本主義》（Casino Capitalism）一書，聚焦於凱因斯提到的賭場資本主義。史翠菊認為，金融工程發達、金融市場擴大、資金逐漸從商業銀行往投資銀行移動、亞洲的投資銀行興起、政府的金融規範鬆綁等，造成西方的資本主義系統愈來愈像規模龐大的賭場。雖然我不完全認同史翠菊的觀點，但資訊技術進步確實助長金融科技發展，促進投機性的金融資本流動，連帶影響了經濟。

　　提到貪得無厭、投機性資本，最有代表性的應該非安隆公司（Enron）莫屬。安隆公司是美國的能源企業，因為利用財報窗飾（window dressing accounting）造假金額高達1兆4,000億韓元（約合當時新台幣330億元）的會計報表，2001年宣布破產。財報窗飾是一種粉飾財務報表的手法，為了讓帳面數字比較好看，對資產或獲利灌水，使公司看起來像是有很好的營運績效。安隆弊案爆發之後，執行長傑佛瑞・史基林（Jeffrey Skilling）被判處有期徒刑24年4個月，負責處理安隆會計事務的安達信會計師事務所（Arthur Andersen）也在2002年宣布倒閉。

從安隆事件到加密貨幣詐欺，人類的貪念「永無止境」

安隆事件暴露出人類的貪得無厭，成為金融市場賭場化的代表案例。人類的貪婪永無止境，在安隆事件之後，還有另一起受害金額高達50兆韓元（約合新台幣1兆1,800億元）的賭場資本主義事件。加密貨幣新創企業Terraform Labs的公司代表權渡衡（Kwon Do-hyung）是事件主角，2023年3月權渡衡因涉嫌詐欺被捕入獄。

貨幣發行權一般屬於各國的中央銀行，中央銀行可藉由發行貨幣獲得利益（鑄幣稅，seigniorage）。加密貨幣不在中央銀行的管制範圍內，能給人一夕致富的期待。Terraform Labs利用人的這種心理，發行了Terra幣與Luna幣，卻又故意使價格暴跌99.75％然後下市，導致全世界投資人損失慘重。這個事件如同權渡衡利用加密貨幣在全球的熱潮，開設了一個規模龐大的賭局。

金融資本的影響力愈來愈大，卻有少數貪婪的投機資本家侵占鉅額利益，這種賭場資本主義應該受到批判。社會上充斥著不勞而獲就能大撈一筆的風氣，自然會有許多請君入甕的賭局。政府應加強法規與監督功能，避免讓不法之徒遊走於法令的灰色地帶。

18 蟑螂理論：危機背後隱藏更大的危機

- 企業績效不彰、訴訟纏身、經營團隊無能，這些都是「蟑螂」
- 未評估還款能力的「次級房貸風暴」是代表案例

　　家裡的廚房跟浴室偶爾會出現令人反感的蟑螂。蟑螂的外觀噁心，看起來也很髒，而且還有群聚特性。如果在廚房或浴室發現一隻蟑螂，代表還有更多蟑螂躲在你看不見的地方。因此當你看到一隻蟑螂，決定來個大掃除，說不定會被從陽台某處成群湧出的蟑螂大軍嚇到放聲尖叫。

　　這種發現一個問題（一隻蟑螂），後面其實還隱藏著更多問題的經濟理論就是「蟑螂理論」（cockroach theory）。簡單來說，蟑螂理論是當企業對一般民眾揭露一件壞消息，其實後面還有更多與這件事情有關的更壞消息。

壞消息的背後隱藏更大的壞消息

　　在蟑螂理論之中，「蟑螂」代表哪些意義？通常代表特定企業的業績衰退、有官司纏身、經營團隊無能或紀律渙散的道德缺陷（moral hazard）。因為這些問題會對企業經營造成打擊，給整間公司帶來無法挽救的危機。

　　蟑螂理論不侷限於影響一家公司，因為投資人有可能認為，某項

利空消息是產業的共通問題，影響範圍擴及相關產業。這一點說明企業經營不僅必須解決公司的內部問題，還必須要能承受外部的干擾因素。換句話說，當特定企業受外部因素影響時，也可能對其他同業造成衝擊。舉例來說：當 A 公司業績不佳，投資人可能也會認為相同領域的 B 公司、C 公司與 D 公司業績也統統不會太好，因此減少對特定產業的投資。當投資人開始賣出 A、B、C、D 公司的股票，這些公司的股價就會下跌。

次級房貸風暴的經典案例

2008 年發生全球金融危機，次級房貸（subprime mortgage loan，非優良住宅擔保貸款）是這起事件的導火線，也是蟑螂理論最經典的案例。

美國的銀行在審核住宅擔保貸款時，會把個人信用依照等級分為「優良」（prime）、「A 級」（alt-A）與「次級」（sub-prime）三種。

優良等級是資產與收入穩定，信用等級高的個人貸款；A 級是資產與收入沒到優良的標準，但有能力清償借貸的款項，屬於「信用等級中等」的個人貸款。相對之下，次級則是針對信用等級低於一定標準的低所得層提供擔保貸款。簡單來說，次級房屋貸款是銀行提供購屋資金的金融商品，借錢給信用等級低的低所得層。由於申辦這項貸款的客戶有較高機率無法還款，貸款利率通常會比優良等級高出 2 至 4%。

站在銀行的立場，雖然對信用為次級的客戶提供住宅擔保貸款有風險，但當時美國的房地產價格持續上漲，房地產市場的發展看似無須太過擔心。申請貸款的美國民眾同樣因為房價持續上漲，貸款利率又低，有一種「現在不買房子就是吃虧」的心態，以至於連信用等級較差的民

眾也拚命貸款購屋。

　　然而就在房價節節高升，房地產市場過熱之際，美國政府開始調升基準利率，造成信用不佳的民眾積債如山，別說是償還本金，連利息都無力償還。而且美國政府升息造成房地產價格下跌，持有房地產的民眾開始爭相出售，市場上有很多人想賣，卻無人想買。還不起房貸的美國民眾愈來愈多，結果房地產被銀行扣押，被迫流落街頭。至於回收不到貸款的銀行只能宣布破產。

AIG、雷曼兄弟、貝爾斯登，次級房貸風暴的犧牲者

　　2008年美國國際集團（AIG，American International Group）、雷曼兄弟控股公司（Lehman Brothers Holdings）、貝爾斯登公司（Bear Sterns）等美國主要的金融機構，成為次級房貸風暴下的犧牲者。直到美國政府後來宣布啟動緊急金融救助，才解除這起由美國引爆的全球性金融危機。

▶雷曼兄弟控股公司卸下公司招牌

資料來源：維基百科

其實，次級房貸風暴就是小看了這隻叫作次級房貸的「潛在蟑螂」，才讓美國整個房地產市場陷入危機。銀行推出草率至極的貸款商品、各界對美國房市的過度樂觀、未分析到這些問題的危險性等，諸多原因的交互作用之下，最終引爆這次事件。

但是如果換個角度來看，其實不必一看到蟑螂就覺得嫌惡、討厭。如果能掌握蟑螂的群聚特性（很多隻在一個地方聚集成群），還是可以事先擬定出「危機情境」，作為將來事發時的緊急應變對策。經濟市場上充斥著無法預料的外部變因，若能提高警覺，留意可能成為事端的徵兆，絕對有助於研擬面對未來「更大風險」的因應對策。

19 數豆子的人：乾毛巾也得再擰一次

- 經濟不景氣讓財務導向的經營方式掛帥
- 當業績衰退、獲利減少，「乾毛巾也得再擰一次」，必須榨得一滴不剩
- 不能只看「數字」，企業經營也得注重品質創新與顧客感受

　　各位是否聽過「數豆人」（bean counters）？豆（bean）是豆子，數○人（counters）是「計算某種東西數字的人」。數豆人這個詞是什麼意思呢？

只注重財務績效的經理人受重用

　　豆子是很普通、常見的農產品。試想有人把一袋豆子倒出來（彷彿很珍貴的食物）一顆顆仔細清點，是何等匪夷所思的事。因此，數豆人用來比喻非常計較小事情的人，連一點雞毛蒜皮的細節都不願放過，通常是從事財務或會計工作的人。因為財務工作者或會計工作者都會以數字或資料檢核所有問題。若用比較負面的詞形容，數豆人通常很吝嗇，不太喜歡花錢，是大家眼中的小氣鬼。

　　數豆人的由來有二。

　　有一個說法是來自德文的「數豆機」（Erbsenzähler）。「Erbsen」是「豆子」，「zähler」是計數器。德國巴洛克時代（約1600至1750年）的

小說家漢斯‧雅各布‧克里斯托弗‧馮‧格里梅爾斯豪森（Hans Jakob Christoffel von Grimmelshausen）在1668年於社會諷刺雜誌《簡化》（*Simplicissimus*）首先提到數豆機一詞。

另一個說法來自1928年在澳洲眾議院（Australian House of Representatives）的議會討論。當時眾議院欲大幅刪減政府提出的預算案，澳洲政府以「It is not a bean counter's bill. There is no attempt to make any savings.」（這可不是數豆人寫的預算案，政府沒理由減少支出）予以回應。於是有人認為，這裡的「bean」（豆子）如同於英文裡美元（dollar）的意思。

到底「bean」真正的意思為何，數豆人的由來為何，其實都不重要。如果從減少無效率的企業經營，實施追求利潤極大的經營策略可獲得較高評價的方面來看，數豆人雖然會被嘲笑是小氣鬼，卻也不至於被批評得一無是處。

新冠肺炎疫情肆虐三年助長數豆人出現

過去三年，世界各國飽受新冠肺炎疫情摧殘，經濟活動大受打擊，美國、歐洲等地球村經濟進入有史以來的最差狀態，數豆人在這種極度經濟不景氣之下嶄露頭角。

業界稱呼精通財務領域的人為「財經專家」。新冠肺炎疫情肆虐，動搖整個地球村的經濟，各家企業紛紛啟動緊急營運，讓財經專家站上經營管理的第一線。於是有許多財經專家擔任大公司的財務長（CFO），也有原本擔任財務長的幹部升任執行長（CEO）。

財務長（CFO）是「Chief Financial Officer」的縮寫，負責調配公

司裡有關財務、會計等資金的運作，如同決策企業投資活動、對外購併（M&A）、人事、行銷等需要「資金」投入的指揮官角色。執行長（CEO）是「Chief Executive Officer」的縮寫，負責提出企業經營的總體大方向、長期事業願景、召開董事會等，是擁有一切企業經營權限的經理人，也常由公司的董事長兼任。在企業管理方面，除了財務長與執行長，還有「營運長」（COO）的角色。COO是「Chief Operating Officer」的縮寫，主要指揮公司內部運作，常由總經理擔任。

公司出現財務長地位提高，或由財務長擔任執行長的情況，主要是在新冠肺炎疫情造成工廠生產停擺、民眾消費減少之後才陸續發生。這些財經專家為了帶領公司度過危機，對公司營運的所有事項全部能省則省，彷彿在缺水的時候，拿到「乾毛巾也要再擰一次」，必須確定無法再擠出任何一滴水。

還有另一個原因讓財經專家不得不迅速採取行動。

在新冠肺炎疫情肆虐的這三年，許多公司資金短缺，因此發行公司債（corporate bond）籌資。公司債是企業為了進行投資或取得公司營運資金而發行的債券，簡單來說，就是一種先跟別人借錢，保證將來一定會還的「借據」。由國家發行的債券稱為「國債」，由企業發行的債券稱為「公司債」。企業若發行公司債，必須定期對資金提供者支付利息，並且在約定的還款日期（到期日）償還本金。

這些因為疫情陷入營運困難的企業，可能在兩三年前發行了兩年期滿或三年期滿的公司債，必須在2023至2024年還款。然而，當下的利率遠高於兩三年前發行債券時，債務壓力很大。因為企業通常會在債券到期之前，發行新的債券（refunding）取得資金，也就是以新債還舊債。問題是當利率持續上升，公司若以新債償還舊債，甚至得動用到手頭持

有的現金。

　　為了突破疫情造成的經濟危機，短期內，企業大概還是會繼續「聘請」財經專家來拯救公司。如同前面提過，當企業營收停滯不前，卻面臨著大環境的利率上升，欲提高公司獲利就必須降低成本、進行公司結構調整，這時必須借助財經專家的一臂之力。

「數豆人」的全盛時期……若品質變差，消費者恐怕拒買

　　雖說如此，「財經專家的全盛時期」如果持續太久，對企業恐怕不是一件好事。大家雖能夠理解財務長要極力打消公司營運的無效率、設法創造利潤極大化，但這個過程卻有可能影響產品品質，或者忽略服務創新的重要性，導致顧客流失。美國通用汽車（General Motors）就是一個典型案例。雖然通用汽車在2000年代中期之前，一直是全球汽車業界的強者，但2009年6月1日卻向美國法院申請破產保護（屬於一種法院監督）。

　　通用汽車前副總裁羅伯特・安東尼・魯茲（Robert Anthony Lutz）認為，把通用汽車推到懸崖邊的關鍵是公司盲目縮減成本、提高利潤，未致力於生產最高品質的車輛。魯茲在自傳《汽車達人與數豆子的人：美國企業的靈魂之戰》（*Car Guys vs. Bean Counters: The Battle for the Soul of American Business*）中提到，通用汽車只把重點放在財務面的降低成本，不願意對研發新車與改良設計進行投資，才會在全球舞台上被德國與日本車廠超越。

　　汽車業界先前同樣因為新冠肺炎疫情，陷入前所未有的危機，所幸還不至於發生魯茲點出的問題，只是後來似乎也沒看到汽車業者有意願提高產品效能、加強研發的「雄心壯志」。面對第四次工業革命時代，有一點可以確定，如果業者繼續採取「數豆子」的經營方式，絕對無法掌握穩健的技術能力，也無法達到消費者對產品的期待。通用汽車的例子就是一個殘酷的教訓，告訴企業就算處於經濟不景氣，也必須積極投資，設法掌握「未來成長動力」，千萬不能忽視這一點的重要性。

20 遊戲化（讓投資成為遊戲）：投資也要跟玩遊戲一樣快樂

- 受新冠肺炎疫情產生的「不碰面、不接觸」文化影響
- 收集S&H綠色郵票兌換贈品是投資遊戲化的先河
- 2030年遊戲化市場規模上看968億美元[①]

　　各位是否曾聽過遊戲化（gamification）？把遊戲「game」這個英文單字當作字首，後面加上「變成這個過程」（the process of becoming）的字尾「-ification」，形成gamification，意思是「成為遊戲的過程」，簡稱為「遊戲化」。簡單來說，遊戲化指雖然不是遊戲，但是因為添加了有趣味的元素，讓人覺得做這件事情像在玩遊戲一樣快樂，也就是在非遊戲領域結合遊戲的優點，讓使用者在做這件事情的時候覺得有樂趣，也能因此獲得獎勵。

在非遊戲領域結合遊戲的優點，讓使用者既娛樂又獲得獎勵

　　嚴格說來，遊戲化在很久以前就有，主要是把困難的內容或複雜的

---

① 譯註：約合新台幣3兆元。

事情簡化，加入一些遊戲元素，讓人容易接受。概念就是以玩遊戲的方式處理困難的事情，可以使人覺得有趣，問題也一併迎刃而解。

最近遊戲化特別受到重視。因為智慧型手機普及，社交網路軟體大受歡迎，許多企業紛紛以遊戲化作為行銷手段。尤其是在新冠肺炎疫情全球大流行，造就人際之間不碰面、不接觸的相處模式，企業加速推動數位轉型（digital transformation），更讓遊戲化在經濟活動的應用增加，其中又以銀行、證券等金融領域最積極採取遊戲化。

當金融領域結合遊戲化，各種與銀行、股市有關的金融商品都會比較容易親近投資人。尤其銀行還會特別針對關心理財的MZ世代（年齡層在20至39歲），以及更年輕的學生族群（未來潛在顧客）主打遊戲化策略。銀行鎖定這些熟練於不碰面、不接觸的年輕世代，利用遊戲傳遞各種金融商品的資訊，並且提供獎勵，等於利用結合遊戲元素的金融商品與服務，預先取得未來客戶、提高品牌知名度與忠誠度，藉此引導這些人使用更多金融商品的相關服務。

除此之外，遊戲化也能當作反映人類需求的工具。因為遊戲通常具有「挑戰（challenge）、競爭（competition）、成就（achievement）、獎勵（compensation）」的特性，在非遊戲領域結合遊戲化，如同賦予使用者願意挑戰的動機，可刺激人的好勝心，進而完成遊戲中的任務，獲得成就感與滿足，銀行順勢提供獎勵。因此，銀行通常會在遊戲開始的第一階段下工夫，期望藉由將商品遊戲化的特性，充分給予使用者願意嘗試的動機。

馬斯洛的需求層次理論，增進遊戲化的應用發展

　　1943年美國心理學家亞伯拉罕・馬斯洛（Abraham Harold Maslow）提出「需求層次理論」（Hierarchy of Needs），這個理論與人類對遊戲的動機有關。馬斯洛把人類的需求分為五個層次：①生理需求（physiological needs）、②安全需求（safety needs）、③社會需求（social needs），也就是愛與歸屬感的需求（love and belonging）、④尊重需求（esteem）與⑤自我實現需求（self-actualization）。

　　遊戲化與馬斯洛需求層次理論的哪個層次最有關呢？答案是金字塔頂端的尊重與自我實現。因為人類能在遊戲之中獲得其他玩家的尊重，也能因為達成目標獲得滿足，正是所謂的自我實現。

　　遊戲化一詞最早出自2002年英國電腦程式工程師尼克・佩林（Nick Pelling），但當時並未引起注意，直到智慧型手機普及，大家會用手機玩遊戲、辦理金融業務、線上購物之後，遊戲化才逐漸受到重視。2011年1月「遊戲化高峰會」（Gamification Summit 2011）在美國舊金山舉行，

▶亞伯拉罕・馬斯洛的「需求層次理論」

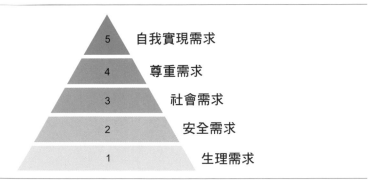

▶ S&H的「綠色郵票」活動

資料來源：Sperry & Hutchinson Company

終於幫遊戲化打開知名度。

最早採取遊戲化行銷的公司是哪裡呢？答案是1896年由美國企業家托馬斯・斯佩里（Thomas Sperry）及雪莉・拜倫・哈欽森（Shelley Byron Hutchinson）聯手創辦的公司Sperry & Hutchinson Company。

Sperry & Hutchinson Company簡稱為S&H，是一家零售業者，實施名為「S&H 綠色郵票」（S&H Green Stamps）的集郵制度，對前來門市消費或加油的消費者贈送集點郵票，依照結帳金額給予1點、10點或50點。若消費者貼滿整本集郵冊（集滿1,200點），就能在指定地點以集郵冊兌換生活用品。這種類似蓋章集點換贈品的S&H 綠色郵票制度，能賦予消費者購買動機，提高品牌的忠誠度，也屬於遊戲化的一種。

Kakao Bank、Toss、Naver等「科技大企業」也發展遊戲化事業

Kakao Bank、Toss、Naver等韓國的科技大企業原本只發展網路平台，後來也跨足金融市場，最近頻頻運用遊戲化策略。

2018年Kakao Bank推出帶有遊戲化意味的「26週儲蓄」。顧客加入這項商品時，可自由選擇首次儲蓄金額，之後只要每週提高儲蓄金額，連續存款26週不間斷，Kakao Bank就會以優於市場基本利率的優惠利率

計算利息。由於這項金融商品的優惠非常誘人，上市短短245天就吸引到100萬名存戶申辦。

金融科技（fintech）業者Toss利用遊戲化推出計步器（測量走路步數的機器）服務。使用者每走5,000步可獲得10韓元（約合新台幣0.24元）、走10,000步獲得30韓元（約合新台幣0.71元），鼓勵使用者運動健身。這項功能很受韓國民眾歡迎，2022年使用Toss計步器的用戶突破400萬人。

2022年Naver推出「寫週記大挑戰」，鼓勵用戶每星期都上Naver部落格（Naver Blog）發文。用戶只要每個星期都在部落格張貼新內容，就能獲得一枚印章，兌換當月能用在部落格的表情貼圖。活動開始後吸引約100萬名用戶參與，其中有90％都是不到40歲的年輕人。

最近遊戲化為消費者與企業帶來不少新鮮感，但也不是全然沒有反

▶全球遊戲化市場規模

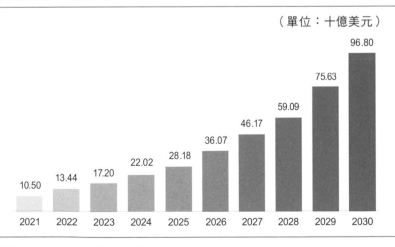

（單位：十億美元）

資料來源：Precedence Research

效果。業者雖然能用遊戲化將複雜的內容以簡單的方式呈現，也能賦予使用者參加動機，有時投資人會欠缺慎重考慮，或者做出太過感情用事的行為。

雖說如此，我們也無須因噎廢食，就算知道遊戲化有較負面的一面，對企業而言，遊戲化依然是一種能吸引消費者的手段，也是無法避免的趨勢。韓亞金融經營研究院（Hana Institute of Finance）預估，2019年遊戲化市場規模約70億美元（約合新台幣2,174億元），2025年可增加到350億美元（約合新台幣1兆1,065億元），年均成長率為30％。市調機構Precedence Research預測，全球遊戲化市場年均成長率約28％，2030年規模上看968億美元（約合新台幣3兆元）。

21 創作者經濟：以精心製作的多媒體內容集名與利於一身

- 社交網路平台成為日常生活的一部分，近年快速成長
- 短影音，吸睛也吸金
- 全球創作者經濟規模突破 2,040 億美元[1]

　　各位是否聽過創作者經濟（creator economy）？創作者經濟是「創作者（製作人）」製作多媒體影音內容，利用這些內容賺錢的經濟活動。這些創作者會將各種多媒體影音檔案上傳到 YouTube、TikTok、Instagram、Facebook 等社交網路平台（SNS，線上、行動裝置平台），在社交網路上擁有數萬名或數十萬名粉絲（follwer，訂閱者），利用自己製作的內容發揮影響力。由於創作者有影響粉絲的力量，因此創作者也被稱為「網路紅人或網紅」（influencer）。

創作者既是消費者也是生產者，利用社交網路平台銷售影音內容的生態圈

　　傳統的產業結構是企業製造產品或提供服務對消費者販售，藉此賺

---

[1] 譯註：約合新台幣 6 兆元。

取利潤，創作者經濟則非如此。在這個新登場的生態圈裡，創作者既是製作影片對他人銷售的生產者，同時也是使用社交網路平台的消費者。創作者可依照上傳內容的點閱次數，拿到平台業者給的分紅，或者收到粉絲、訂閱者的贊助捐款，以及來自觀眾看廣告的拆帳，這一連串活動都稱為創作者經濟。有一點必須注意，創作者不能是演員、歌手、舞者等專門從事演藝圈活動的人。

創作者依照粉絲人數，大致可分為四類。粉絲人數大約幾百人屬於「奈米創作者」（nano-influencer），粉絲人數超過千人但未達萬人是「微創作者」（micro-influencer），粉絲人數在幾萬人至幾十萬人是「中創作者」（macro-influencer），粉絲人數在幾十萬人至幾千萬人是「大創作者」（mega-influencer）。

創作者經濟的概念是何時出現的呢？1997年美國史丹佛大學工程學院教授保羅・薩福（Paul Saffo）認為，創作者經濟在「新經濟」（new economy）的影響下誕生。新經濟是經濟發展擺脫過去工業革命的典範轉移，朝向全球化與資訊化邁進的經濟變遷。新經濟一詞最早出現在1983年美國《時代雜誌》（*TIME*）的封面故事。《時代雜誌》認為，從重工業為主的經濟發展轉變為以新科技為主，這個發展過程就是新經濟。薩福認為，在資訊化的時代，創作者扮演對消費者提供好處的重要角色。

全球最多粉絲的創作者：查莉・達梅利奧、Pew-DiePie、愛蒂森・芮

創作者經濟剛開始時，創作者主要著重在動畫（卡通電影）與插畫。但動畫與插畫在當時並非很賺錢的領域，以至於在這兩個領域發展

的創作者為了增加收入，逐漸將舞台轉換到 YouTube 等社交平台。

▶ 全世界最有人氣的創作者
查莉·達梅利奧

全世界總共有多少創作者呢？

截至 2021 年底，全世界的創作者約有 5,000 萬名，2023 年 5 月增加到 2 億 700 萬名，足足增加了 3 倍之多。國際上較知名的創作者有活躍於 TikTok 的查莉·達梅利奧（Charli D'Amelio）、PewDiePie 與愛蒂森·芮（Addison Rae）。

達梅利奧是美國女性舞者，擁有 1 億 5,070 萬名粉絲，堪稱全世界擁有最多粉絲的創作者。PewDiePie 是瑞典喜劇演員，本名是費利克斯·阿爾維德·烏爾夫·謝爾貝里（Felix Arvid Ulf Kjellberg），粉絲人數有 1 億 1,100 萬人。芮則是美國女演員，粉絲有 8,860 萬人。

短影音抓住 MZ 世代的心，成為社交網路平台主流

創作者經濟能有如此快速的發展，關鍵是什麼？答案是「短影音」（short form），也就是大家常說的短片。短影音就是「很短的格式」或「很短的型態」，長度大約在 15 秒至 10 分鐘（網路劇）的短片（影音內容），例如：YouTube Shorts、Instagram Reels、TikTok 等，時間限制分別是 YouTube Shorts 1 分鐘、Instagram Reels 90 秒、TikTok 10 分鐘。

創作者爭相剪輯自己的短片上傳，原因不外乎 1020 世代（10 至 29 歲的青年世代）與 MZ 世代（20 至 39 歲的年齡層）偏好觀賞時間較短的影片。這些族群善用智慧型手機等行動裝置，看手機的時間比看電視

多，傾向在短時間內獲得資訊或看完影片。加上收看短片不會占用使用者太多時間，讓短影音在社交網路上站穩一席之地。有鑑於此，創作者必須思考如何在最短時間內呈現最精華的內容，才能吸引消費者的點閱、收看。

享譽國際的名與利，光環之下也可能低薪，「光與影」的一體兩面

創作者經濟以各種型態持續發展，市場規模又如何呢？美國商業雜誌《富比士》（*Forbes*）曾預估，2022年全球創作者經濟市場規模會超過1,000億美元（約合新台幣2兆9,000億元），但有業界認為，2022年全球創作者經濟市場規模約2,040億美元（約合新台幣6兆元）。

雖然創作者經濟市場已打開潛力無窮的大門，但並非每個人都能在這個領域發大財。不可諱言，有許多人以創作者的身分得到享譽國際的名與利，但有更多人雖然以創作者的姿態活動，實際收入卻很少，面臨生活困境。依照社交媒體整合連結服務公司（social media reference landing page）LinkTree公布的資料顯示，2022年全職的創作者中，有46％年收入低於1,000美元（約合新台幣2萬9,000元）。換句話說，創作者的收入落差很大。但有一點毋庸置疑，如果創作者發表的內容很好，不論在哪個領域都能吸引很多粉絲追隨，因而獲得更高收入。

22 P2E vs. M2E vs. F2E：邊玩邊運動，在歡笑與汗水中賺錢

- P2E，玩遊戲取得裝備、金錢，一石二鳥
- M2E，增進使用者健康，同時提高NFT運動鞋銷售量
- F2E，銷售具有稀少性的「藝人收藏」

　　最近出現不少跟「遊戲」有關的新詞，例如：「邊玩邊賺」（play to earn），也簡寫成「P2E」。玩家如果從事P2E遊戲，有機會獲得相對應的獎勵，例如：遊戲裝備、財物，有著一石二鳥的效果。換句話說，當玩家在P2E遊戲中獲勝，便可獲得與遊戲有關的裝備或財物，這種獎勵通常是來自區塊鏈（blockchain）技術的「虛擬貨幣」或「NFT」（non-fungible token，非同質化代幣）。

　　區塊鏈利用讓所有參與交易的人共享交易內容，避免駭客竄改交易資料。這種方式是在所有參與交易者的電腦上都儲存交易明細，只要一有交易，每次都會把明細傳送到所有人的伺服器上，包括與自己無關的交易內容。由於資料像「鏈子」（chain，鎖鏈）一樣環環相扣，儲存在伺服器上，因此被稱為區塊鏈。這種資料儲存方式的特色在於，能把駭客入侵的風險降到很低（詳細的區塊鏈內容後面以獨立章節介紹）。

　　NFT又是什麼呢？NFT是一種代幣（token，可交易的檔案），也是具有「稀少性」的數位資產。簡單來說，NFT是能證明當事人擁有所有

權的認證技術,也可看成是數位電子化的記名。由於NFT具有獨特價值,無法被其他東西改變,並且利用區塊鏈技術賦予特定編號,記載所有人資訊、交易明細、發行時間等,無法被複製或偽造,像是一份「真品保證書」。基於這種特性,NFT的應用範圍很廣,除了可像P2E一樣被當作遊戲道具,也能作為分辨真偽的證書,或者當作記載機密資訊的保險證明文件(詳細的NFT內容後面以獨立章節介紹)。

NFT興起,P2E人氣水漲船高

P2E把遊戲裡的人物角色、金錢、裝備等各項資訊記錄在區塊鏈上,證明使用者的所有權,也能透過區塊鏈平台與其他遊戲進行交換。因此有許多P2E遊戲採用了區塊鏈技術。

韓國也有不少遊戲業者瞄準全球市場,開發多款P2E遊戲,但礙於

▶ Sky Mavis開發的P2E遊戲「Axie Infinity」

資料來源:Sky Mavis

遊戲裝備的交易在韓國仍不合法，因此這些遊戲還沒在韓國上市。在韓國，P2E遊戲被認為是一種「投機行為」，利用偶然發生的結果對特定人士給予財產上的利益，造成其他人有財產上的損失。

目前P2E遊戲產業的現況如何呢？

在P2E市場上，以越南新創企業Sky Mavis開發的「Axie Infinity」最受歡迎。玩家在Axie Infinity遊戲裡飼養名為Axie的動畫角色，這些角色被數位化為NFT。韓國遊戲公司娛美德（Wemade）、恩希軟體也有針對全球市場推出P2E遊戲。娛美德利用NFT技術推出可交易遊戲裝備的《傳奇4》（MIR4），曾吸引逾130萬名玩家同時上線。恩希軟體準備利用NFT及區塊鏈技術推出大型多人線上角色扮演遊戲（MMORPG，massively multiplayer online role-playing game）。

M2E，增強體魄與提高產品銷售

除了有讓玩家可以一邊玩遊戲一邊賺錢的P2E，當然也有能對使用者提供好處的運動，像是「M2E」。M2E是「邊運動邊賺」（move to earn）的縮寫。如果P2E是一邊玩樂一邊賺錢的遊戲型態，M2E就是一邊走路或跑步，「讓身體動起來」的邊運動邊賺錢型態。P2E把重點放在遊戲裡的獲勝、過關，M2E把重點放在增進使用者的健康。M2E以提供獎勵作為誘因，吸引大家到戶外運動，只要使用者穿著NFT運動鞋走路或跑步，NFT運動鞋就會依照運動量提供獎勵。

最有名的M2E應是澳洲金融科技業者Find Satoshi Lab開發的「STEPN」。STEPN對穿著Find Satoshi Lab的NFT運動鞋，並且在有GPS（全球定位系統）訊號從事戶外運動的使用者提供虛擬貨幣作為獎勵。使

用者能以這些虛擬貨幣升級NFT運動鞋的功能或購買新的NFT運動鞋，甚至也能兌換成現金。

除了STEPN之外，全球市場上還有Genopets、SNKRZ、Step App、Sweatcoin等M2E，韓國也有Cashwalk與Walkon，使用者只要每天達到一定的步行距離，系統就會提供金錢獎勵或優惠券。

F2E，針對追星族的粉絲經濟

現在還有一種只要對歌手、電影明星等知名演藝人員應援，就能得到獎勵的F2E。F2E是「邊追星邊賺」（fan to earn）的縮寫。

F2E是一種利用粉絲崇拜偶像（fandom），願意對歌手、演員、運動選手等名人應援、表示支持的「粉絲經濟」。簡單來說，就是經紀公司利用所屬歌手、演員等公眾人物擁有的智慧財產權創造經濟效益。以BTS與NewJeans的經紀公司HYBE為例，HYBE推出結合藝人智慧財產權與NFT的F2E，並且利用全球粉絲社交平台Weverse銷售智慧財產權，搶攻粉絲的心。

除此之外，HYBE也和韓國區塊鏈暨金融科技業者Dunamu合作，在美國成立NFT公司Levvels，全力發展F2E事業。消費者若透過App Store或Google Play商店下載Levvels推出的NFT平台「MOMENTICA」，就能購買或交換尚未公開的HYBE旗下藝人數位卡（digital card）。這項交易會被記錄在區塊鏈上，可證明是真卡而非仿冒。粉絲在買入藝人的限定商品或收藏品時，除了支持藝人，也能獲得稀有價值或收藏價值。由韓國人氣歌手與明星帶動的「韓流文化」持續在國際上發光發熱，F2E的熱潮短期內暫時還不會退燒。

▶ Levvels 的 NFT 平台「MOMENTICA」

資料來源：HYBE

23 去中心化自治組織（DAO）：往更水平、更民主的方向發展

- 全球金融風暴造成民眾排斥中央銀行與政府的干涉
- 比特幣等加密貨幣促進去中心化發展
- DAO，應提高虛擬貨幣生態圈的信賴與交易透明

　　「去中心化」（decentralized）也是最近常聽到的詞彙，就是從中心脫離的意思。那麼中心化與去中心化分別代表什麼意思呢？

去中心化，脫離集中狀態自主運作

　　中心化是某種文化或系統集中在中央的現象或結構。相對之下，去中心化是從集中在中央的狀態脫離，分成小單位自律運作。下面我將分別說明這兩個有些模糊的概念。

　　中心化主要與金融有關，是各國中央銀行發行貨幣，並使貨幣流通的意思。韓國扮演中央銀行角色的機構是韓國銀行（Korea Bank），美國是聯邦準備制度（Fed，Federal Reserve System），日本是日本銀行（Bank of Japan），歐盟是歐洲中央銀行（ECB，European Central Bank）。[①]這些中

---

① 譯註：台灣是中央銀行。

央銀行擁有獨占貨幣發行的權力，稱為「發行權」（issuing authority）。除此之外，因為貨幣是由大家願意信賴的中央銀行發行，貨幣的價值才能獲得認同。

　　各國中央銀行發行貨幣其實能獲得好處，就是所謂的「鑄幣稅效果」（seigniorage effect）。鑄幣稅是指具有貨幣發行權的中央銀行，利用發行貨幣獲得利益。一般如果中央銀行發行貨幣，扣除發行成本之後，剩下的都是利潤，這個利潤被稱為「鑄幣稅」、「貨幣發行利差」或「貨幣鑄造利益」。Seigniorage 是法文，來自於「封建制度的君主」（seignior），指中世紀時代擁有在自己城堡裡鑄造貨幣的排他、獨占權力。當時的君主為了填補財政，在金幣裡攙雜不純的材料，藉此降低鑄造成本以獲利。

　　中央銀行獨占貨幣發行權，有穩定金融市場的能力，民眾期待中央銀行扮演解決各種金融問題的「萬事通」。然而，美國的次級房貸風暴引起軒然大波，開始有人對中央集權式的金融市場提出質疑，也就是對中心化存疑。次級房貸風暴在 2007 年一發不可收拾，2008 年全世界跟著陷入金融危機（次級房貸參見「蟑螂理論」）。

次級房貸風暴後開始要求去中心化

　　次級房貸風暴點出「中心化」的問題，擁護去中心化理論的人開始發聲，代表性人物為中本聰（Satosi Nakamoto）。中本聰在次級房貸風暴最嚴重的 2008 年 11 月，首次對外介紹名為「比特幣」的虛擬貨幣。

　　中本聰主張的概念是「去中心化」，認為貨幣不該讓類似中央銀行的特定機構介入管理，應該由使用者之間直接進行金融交易。中本聰推出不必由銀行經手、由使用者直接交易的去中心化數位貨幣系統 ——

「比特幣」（參考：與金融服務有關的去中心化現象常被稱為「去中心化金融」〔decentralized finance〕或縮寫為「DeFi」）。比特幣利用區塊鏈技術，將所有交易內容分散到所有交易者的帳簿（distributed ledger，分散式帳簿）存放，不用被銀行收取交易手續費也是一項優點。透過個人與個人直接進行交易，比特幣的發行量與所有權都不會被中央銀行干預，這正是虛擬貨幣擁護者極力推崇的「去中心化」。

這裡還有一個概念是「去中心化自治組織」（DAO，decentalized autonomous organization），如同字面意思，就是去中心化之後，自主運作的組織，常簡稱為DAO。DAO不像中央銀行有一個特定的主體，而是由個人利用區塊鏈訂出規則進行決策，決策的過程公開透明。DAO利用區塊鏈的特性讓資訊透明公開，只要使用者購買代幣（token），就能以民主程序直接參與決策。

DAO因為有去中心化、組織結構扁平、透明的特性，在虛擬貨幣市場蔚為話題。也因為這些特性，DAO不僅在比特幣等虛擬貨幣領域受到重視，在藝術品的收藏與買賣、作詞與作曲等其他領域也獲得關注。

Luna幣價格暴跌，凸顯去中心化、缺少中央機關衍生的問題

但是DAO有幾個兩難問題。以韓國為例，扮演中央銀行的韓國銀行有金融貨幣委員會（Monetary Policy Board），負責討論貨幣政策，決定是否調升或調降利率。但DAO沒有具備這種功能的組織，無法調節金融交易，導致不久之前源自韓國的「Luna幣」與「Terra幣」在全球虛擬

▶ **傳統組織與DAO的比較**

	傳統組織（企業）	DAO
企業結構	垂直、中央集權	水平、權力分散
所有權	股份	代幣
公開營運績效	公布季報／半年報／年報，召開股東大會	利用X（推特）、GitHub、Discord等平台隨時線上公告
會計監察	上市公司透明，非上市公司不透明	以區塊鏈建構的開放原始碼（open source）為基礎，透明
治理	依照公司章程投票表決	利用區塊鏈的智慧型合約（smart contracts）

資料來源：「去中心化自治組織DAO的現況與議題」，《聚焦資本市場》（*Focus Capital Market*），2022

貨幣市場價格暴跌97％。諷刺的是，虛擬貨幣正是因為批判次級房貸風暴才出現的產物，並以去中心化金融作為號召，Luna幣與Terra幣價格暴跌，凸顯DAO也無法保證虛擬貨幣的未來價值。

不僅如此，由於去中心化無法精確追蹤每個加密貨幣錢包的來源，因此無法排除在交易所內發生被盜領的可能性。

除此之外，DAO也有侵害民主主義原則的疑慮。去中心化金融針對重要問題做決策時，大部分由擁有「治理代幣」（governance token）的人投票決定；治理代幣是在區塊鏈生態圈裡用來做決策的代幣。然而這裡不是推動「一枚代幣等於一票」的民主主義原則，實際上是擁有許多代幣的少數投資人能在組織裡呼風喚雨。

虛擬貨幣的生態圈持續發展，DAO必須設法提高虛擬貨幣生態圈的信賴，以及設法使交易透明。

24 房地產科技：房地產買賣也進入不接觸時代

- 房地產科技利用新科技在四大領域展現優勢
- 2032年全球房地產科技市場規模上看1,330億5,000萬美元[①]

　　在房地產業界最近有個常見用語，就是「房地產科技」（proptech），由房地產意思的「property」與科技「technology」結合而成，代表在房地產領域利用人工智慧、虛擬實境、物聯網、大數據、區塊鏈等資通訊技術來提供服務，屬於一種「房地產資訊科技」。

房地產科技，結合房地產與先進資通訊技術而成的「房地產資訊科技」

　　以前房地產被認為是與資通訊等新科技距離較遠的領域，相關的應用程式、網路基礎設施也遠比其他領域少。為何原本像是停留在「類比時代」的房地產市場會吹起科技風？主要還是因為科技創新。若房地產結合AI（人工智慧）、VR（虛擬實境）等最新進技術，對房地產的供給方或需求方都能提供各種客製化的資訊。

　　房地產科技的發展過程主要可分為三個階段。第一階段是1980至

---

① 譯註：約合新台幣4兆1,700億元。

2000年，第二階段是2000至2008年，第三階段是2008年至今。

第一階段是個人電腦開始普及的1980年代，採用早期的數位技術與微軟的Excel文書軟體。這時在投資房地產上，已經有投資分析技術，可精準評估商業地產（commercial property）的價值。

第二階段的房地產科技於「網路泡沫」（dot-com bubble）期間登場。網路泡沫大約發生在1995至2000年間，由於網路產業快速發展，股票市場上與網路產業有關的股價大幅飆漲。網路泡沫一詞則是來自於網域名稱的「.com」與「泡泡」（bubble）結合而成。以往的房地產買賣通常得透過報章雜誌等平面印刷媒體與房地產仲介公司才能進行，但在網路泡沫期間，線上、數位媒體逐漸成為主流。簡單來說，2008年高速網路持續普及，房地產業者陸續把資料與服務改成以線上提供。在美國房地產資訊業者Zillow與英國線上房地產仲介公司Rightmove將各種地理資訊、房地產估價、諮詢內容放上網路，房地產網路資料業者愈來愈受重視。

第三階段是先進數位科技發展與新冠肺炎疫情全球大爆發至今。

共享經濟與新冠肺炎疫情助長房地產科技發展

數位科技帶動共享經濟（sharing economy）發展，讓共享平台日趨普及。「共享經濟」是美國哈佛大學法學院教授勞倫斯・雷席格（Lawrence Lessig）在2008年提出的概念。

共享經濟是產品被很多人一起分享、使用，屬於一種消費上的經濟合作（economic cooperation），排除擁有的概念將物品傳給別人，或者從別人手中獲得物品。簡單來說，一般人若購買商品，購買者就是該物品

的主人，但共享經濟是特定物品除了購買者本人之外，其他人也能一起使用，也就是不獨占特定物品的所有權，而會借或分給別人「一起擁有」的經濟活動。共享經濟成為新的經濟潮流之後，房地產所有權人也開始利用共享住宿Airbnb、共享辦公空間WeWork等類似的網站，將自己的房地產租給他人使用。

　　此外，新冠肺炎疫情也助長房地產產業引進最新科技。新冠肺炎疫情大流行，人際之間興起不碰面、不接觸的相處模式，有許多活動透過網路進行，這個改變讓傳統的房地產仲介公司提前被市場淘汰。

利用房地產科技打擊房地產詐騙

　　房地產科技一般分為：①房地產仲介與租賃、②房地產管理、③房地產開發、④投資及資金籌措共四大部分。在房地產仲介與租賃領域，房地產科技採用大數據等技術，進行分析、提供諮詢、仲介、廣告等，對客戶提供資訊。在房地產管理部分，採用大數據等先進的資通訊技術進行管理。房地產開發則使用房地產科技的預測與監控，取得開發案件必要的先進技術。除此之外，為了讓房地產科技能持續發展，房地產已成為政府的政策項目，獲得政府與相關企業的支援。

　　全球房地產科技的市場規模大約如何呢？

　　市調機構Precedence Research的資料顯示，2022年全球房地產科技市場規模約301億6,000萬美元（約合新台幣9,470億元），年均成長率為16％，預估2032年可達到1,330億5,000萬美元（約合新台幣4兆1,700億元）。

　　由於全球房地產科技市場的發展看好，韓國的房地產市場也跟進

▶全球房地產科技市場規模

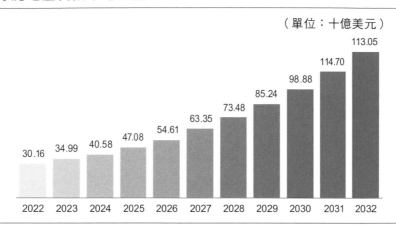

（單位：十億美元）

資料來源：Precedence Research

採用新科技。除了建設公司紛紛以最先進的技術確保工地安全、縮短工期，消費者也可利用AI對建築物事先估價，計算買房、投資的各項稅金。

　　此外，房地產仲介服務也興起一波房地產科技熱潮。以韓國的房地產平台Zigbang為例，利用360度VR攝影機拍攝銷售物件的實景，作為「VR屋內環景服務」（VR Home Tour Service），讓消費者隨時隨地都能線上賞屋。另一個韓國房地產平台Dabang則推出「釣魚物件鑑別服務」，利用新科技防止房地產詐騙事件，保護消費者權益。

25 STO（證券型代幣發行）：小額、簡單、更安全的投資

- 2030年韓國STO市場規模上看367兆韓元[1]，宛如春秋戰國時代百家爭鳴
- STO可獲得發行公司的股利，參與公司經營
- 因可進行「碎片化投資」，容易取得所有權，投資對象多元

　　最近在證券市場有個新詞彙，叫作STO（security token offering，證券型代幣發行或證券型虛擬通貨發行）。簡單來說，STO是一種類似股票市場首次公開發行（IPO）的概念。STO的「ST」是指證券型代幣（token），代幣則是由區塊鏈平台產生與管理的加密貨幣。

繼美國、新加坡之後，韓國從2024年起全面許可STO

　　2017年STO出現在美國與新加坡，韓國的金融委員會（Financial Services Commission）也從2024年起許可STO業務，[2] 相關業者摩拳擦掌。若要介紹STO，必須先從股票上市與資金籌措說起。

　　上市（listing）是證券交易所賦予特定股票可在交易所進行買賣的資

---

① 譯註：約合新台幣8兆6,300億元。
② 譯註：台灣的金管會在2019年6月27日公布證券型代幣發行相關規範。

格，通常企業若有股票上市，發行股票的公司會有較高的社會評價，也會比較容易增資（增加公司資本）。

　　非上市公司要第一次股票上市，採用的資金籌措方式是IPO（initial public offering），也就是大家常說的「首次公開發行」。首次公開發行是把公司的股份對不特定的多數投資人公開銷售，分散股份的所有權。非上市公司透過證券公司完成既定程序，成為公開的股份公司就稱為「上市公司」（public corporation）。

　　公司若要在韓國進行IPO，必須經過幾道程序。首先，從登記為公司的設立日期開始，必須從事營業活動至少三年，自有資本達到300億韓元（約合新台幣7億元），最近營收也必須維持高於1,000億韓元（三年平均大於700億韓元）。若以非上市公司成為上市公司花費的平均時間至少兩年來看，資金不夠寬裕的企業不容易IPO。[3]

　　由於要IPO並不容易，因而出現了ICO（initial coin offering），也就是「首次代幣發行」。ICO不是「股票」，而是以區塊鏈為基礎的「代幣」，等於企業利用發行代幣取得必要的資金。這時企業發行的代幣大致上可分為應用型代幣（utility token）與證券型代幣（security token）兩種。乍看之下有些複雜，但應用型代幣其實就是原本的「加密貨幣」，證券型代幣則可想成是取代IPO的「加密貨幣型態的股票」。

---

[3] 譯註：公司在台灣進行IPO必須依照公司法設立登記屆滿三年，實收資本額達到新台幣6億元，財務報告之稅前淨利符合相關標準，以及達到股權分散標準。

多數新創企業偏好發行應用型代幣，而非證券型代幣

多數新創企業較偏好發行應用型代幣。因為證券型代幣的ICO受證券法令規範，公司若發行證券型代幣，等於必須遵守相關規範。反之，發行應用型代幣的ICO募資可規避IPO的複雜程序與法令規範，如同一項迂迴的替代方案。

基於上述理由，應用型代幣的ICO大幅增加，吸引不少欲賺取市場價差的投資人積極參與。然而，有少數既沒有差異化技術，上市程序也

▶ IPO、ICO與STO的比較

	IPO	STO	ICO
投資標的物	實際商業模式（公司業績、資金流向等）	實際商業模式或實物資產	以區塊鏈技術為基礎的虛擬專案
投資的資金型態	法定貨幣	法定貨幣與虛擬資產	比特幣、以太幣等虛擬資產
發行流程	發行IPO前有多項義務必須履行，也必須取得證券交易所的許可	必須遵守相關法令，取得金融主管機關的許可並遵守規範	必須有基於區塊鏈架構的智慧型合約技術知識，有成功的市場行銷
發行人	明確	明確	不明確
投資成本	高	比ICO高	非常低
投資人權利	企業獲利歸股東所有	擁有連動資產的股份及獲利	有購買已發行代幣的權利
法令規範	適用	適用	不適用

資料來源：韓國資本市場研究院（Korea Capital Market Institute）、Cointelegragh、Kiwoom Securities研究中心

不透明的企業接連推動ICO，造成投資人權益受損。這種犯罪手法稱為「代幣騙局」（coin scam），由虛擬貨幣的「代幣」（coin）與詐欺意思的「騙局」（scam）二字而來，是以不同於事實的內容欺騙投資人。而詐欺代幣（scam coin）就是迷惑投資人，吸引投資人上鉤的代幣。

只要有缺乏投資價值的詐欺代幣發行，自然會有投資人因此受害，嚴重影響ICO的誠信，但金融主管機關並未採取任何措施，導致ICO衍生各種問題。因此，雖然證券型代幣的發行程序較為複雜，也必須遵守證券相關法令，但發行證券型代幣有其必要性，因此成為STO的行動方案。下面一起來看應用型代幣與證券型代幣有何差異。

應用型代幣具有很強的貨幣性質，主要用在服務、商品價值的權利移轉，或者作為儲存工具。換句話說，應用型代幣只具有購買商品或服務的權利。相對之下，證券型代幣具有傳統的有價證券性質，投資人透過持有證券型代幣，如同擁有代幣發行公司的所有權。因此，持有證券型代幣的所有人就像是該公司的股東，可依照持有代幣的比例獲得該公司分紅（股份所有者可獲得股利），也能對該公司的營運行使表決權。

STO指的就是發行證券型代幣，基於企業發行STO就等於發行證券型代幣，2022年底全球發行的證券型代幣市價總額高達179億美元（約合新台幣5,600億元）。

STO 彌補 IPO 與 ICO 的缺點，未來發展潛力大

證券型代幣與股票不同，可進行「碎片化投資」，容易取得所有權，投資對象多元。

碎片化投資是把某一種資產讓很多人一起投資，共同分配利益的

投資方式。簡單來說，就是先讓許多投資人共同持有一項資產，等資產的價值上漲後賣出，共同分享獲利。這種投資方式大都針對價格太高、無法自己單獨購買的商品，例如：房地產、藝術品、骨董品、飛機、精品、原物料等市場，透過區塊鏈進行交易。

碎片化投資最受關注的領域不外乎是房地產。因為房地產可透過估價了解資產價值，且價格可維持一段時間。

藝術品的碎片化投資有可能為投資人在短期就帶來較大獲利，但是因為藝術品的流通數量較少，且不容易計算準確價值，因此價格不易估算。

碎片化投資雖然可讓投資人以小額對大規模資產進行投資，但投資人無法獨占該項資產的所有權。此外，碎片化投資的變現率低，投資人不容易回收資金。那麼STO的優點到底是什麼呢？

如同前文所說，STO必須遵守現行的法令規範，投資的可靠度優於ICO。因此對企業而言，還是必須以較受投資者信賴的STO進行募資。對投資者也是如此，STO的投資方式比IPO容易參與，也能避免投資ICO可能遭遇的代幣詐騙。

只要企業進行STO，投資人就能透過智慧型合約（smart contract）輕鬆獲得分紅。「智慧型合約」無須經由第三方認證，是一種利用區塊鏈讓P2P（個人對個人）契約直接履行的技術，如同利用程式碼讓交易當事人成立契約，並且確保契約可維持到最後的電子合約。

STO大約介於IPO與ICO之間，以區塊鏈為基礎，相對容易籌措資金，但ICO與STO很難看出根本上的差異。因為STO除了延續ICO的特徵與優點，還具有補強機制，即便缺乏法律規範，也能盡量把投資人的損失降到最低。換句話說，STO透過改善加密貨幣等虛擬資產的問題，

▶證券型代幣的優點與未來展望

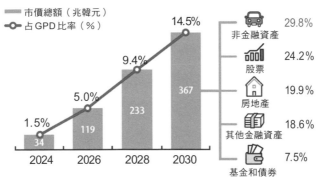

韓國證券型代幣市場以金融業為主
2030年規模上看367兆韓元

■ 市價總額（兆韓元）
●─ 占GPD比率（%）

14.5%

9.4%

5.0%

1.5%

34　119　233　367

2024　2026　2028　2030

非金融資產　29.8%
股票　24.2%
房地產　19.9%
其他金融資產　18.6%
基金和債券　7.5%

▌證券型虛擬通貨的優點

流動性高	交易成本低	安全性與可用性高
• 證券型代幣可將主要資產作為證券，增加資產的流動性	• 利用區塊鏈技術的證券型代幣發行，比書面發行的成本減少約30%	• 利用區塊鏈技術上的優勢，可減少駭客入侵等資安問題 • 利用智慧型合約技術，可連結P2P等各種服務

資料來源：BCG，韓亞金融經濟研究院

讓ICO市場再次熱絡，STO與ICO之間有正向的交互關係。

　　綜合前面所述，代幣市場仍然具有很高的發展潛力。韓亞金融研究院預測，韓國證券型代幣市場規模2024年約34兆韓元（約合新台幣7,995億元），2026年可成長至100兆韓元（約合新台幣2兆3,500億元），2030年上看367兆韓元（約合新台幣8兆6,300億元）。

26 NFT：既保值又無法被取代的代幣

- 是稀少性產品的數位「真品證書」
- 2014年凱文·麥考伊與安尼·戴許首次發行NFT作品〈量子〉
- 2025年全球NFT市場規模逼近800億美元[①]

　　各位是否聽過「NFT」（non-fungible token）？最近NFT在國內外都是熱門話題。以2021年美國數位藝術家「Beeple」為例，其NFT作品在佳士得（Christie's）——英國最大的藝術品拍賣會上，以超過800億韓元（約合新台幣20億元）的價格成交。除此之外，運作韓國最大虛擬資產交易所「UPbit」的Dunamu與偶像團體BTS的經紀公司HYBE合作，在2022年成立NFT公司「Levvels」，也讓NFT成為鎂光燈焦點。NFT到底是什麼東西？

「無法被取代的代幣」NFT，在國內國外都是焦點

　　NFT是「無法被取代的代幣（token，可交易的檔案）」，也被稱為「非同質化代幣」，是指特定代幣無法被其他代幣取代，也就是無法被改變的數位資產。簡單來說，NFT具有不管用其他任何東西都無法交換的

---

① 譯註：約合新台幣2兆5,000億元。

價值。這裡提到的代幣是利用區塊鏈（所有參與交易的人一起共享交易明細，以此避免駭客的技術）產生的加密貨幣。因此，NFT也可看成是被賦予某種特定密碼的資產。

　　比特幣等各種市場上的數位代幣屬於「同質性代幣」（fungible token），只要數量相同，就能和其他數位代幣交換。以鈔票為例，一張1,000元鈔票可以和另一張1,000元鈔票或十張100元鈔票交換，比特幣也是只要金額相同就能交換。相對之下，NFT每一枚代幣的認知價格不同，無法與具有身分證的其他代幣交換，如同每顆寶石的色澤、大小、形狀都不盡相同，就算價格接近，也無法做到完全一比一的交換。這一點讓NFT具有稀缺（scarcity）的特性。稀缺性是無法滿足人類無窮欲望的資源不足狀態。

　　那麼，最早應用NFT的商品是什麼呢？

　　最早的NFT是2014年美國媒體藝術家凱文・麥考伊（Kevin McCoy）與美國軟體業者Fog Creek Software執行長安尼・戴許（Anil Dash）合

▶第一件NFT作品是凱文・麥考伊的〈量子〉

作的音樂影片（video clip，用來商業銷售的短片）作品〈量子〉（Quan-tum）。

之後，2017年NFT出現在虛擬貓咪養成遊戲《謎戀貓》（*Crypto Kitties*）中，再次掀起熱議。《謎戀貓》是由加拿大區塊鏈新創業者Dapper Labs開發的遊戲，玩家可在網路上購買虛擬貓咪，在遊戲裡飼養、蒐集與銷售。

所有權人資訊、發行資訊、交易明細，無法複製與變造

為何許多人非常關心NFT？如同前面說明，NFT具有獨一無二的「稀缺性」，可用來鑑別作品真偽，扮演真品證書或數位證書的角色，也可說是數位世界裡的「所有權證書」。

到這裡想必大家有一個疑問，就算是世界上獨一無二的NFT，還是有可能被複製吧？當然，如果利用先進的電腦技術，再怎麼獨一無二的東西還是有可能會被複製。以目前的技術水準，確實無法100％保證NFT不會被複製，但在以NFT做出的內容上，記載著既定的認知價格與所有權資訊，就算NFT被非法複製或變造，依然無法消除上面記載的所有權人資訊。簡單來說，以韓國銀行發行的鈔票為例，鈔票上除了人物圖案之外，還有各種全像圖（hologram，立體圖案）、防偽線（為避免被偽造，在鈔票內部埋入塑膠或金屬線條），供民眾分辨鈔票真假，NFT也有類似機制。

整體而言，每個NFT都擁有特定編號，記載了所有權人資訊、發行

資訊、交易內容，可避免被複製或偽造。

NFT的應用不只侷限於遊戲或藝術品，也能用在辨別一般事物的真偽。蘋果創辦人史蒂夫・賈伯斯（Steve Jobs）在1973年親筆寫下的求職信，2021年7月被做成數位化的NFT，在拍賣市場上以2萬3,000美元（約合新台幣72萬元）的價格成交。

這裡的重點在於，物品如果能記載成數位資訊，不論任何型態，都能轉換成NFT，包括演唱會門票、社交網站上的留言等等。由於利用NFT內在特有的獨特性與稀缺性，把所有權與銷售履歷等資訊儲存在「數位帳簿」——區塊鏈上，所以在數位世界也能推出無法被複製的原創。

NFT可碎片化投資，但資產價值可能縮水

雖說NFT有無法被複製的優點，但也不是沒有任何缺點。

NFT可認定部分所有權，把代幣分成「N分之一」進行交易，或從事「碎片化投資」（分成小部分的投資）。但是碎片化投資若變成常態，NFT作品在網路上就會變得氾濫，造成作品的價格下跌，使數位資產的價值萎縮。不過網路事業持續多元化發展，NFT存在的問題將來應該能解決。

基於前面提過的NFT優點，全球NFT市場規模逐年快速成長。市調機構Statista的資料顯示，2023年全球NFT市場規模約16億100萬美元（約合新台幣501億元），2027年將成長為31億6,200萬美元（約合新台幣989億元），年均成長率約18.55%。

另一家市調業者有更樂觀的預測。依照Tokenized公布的資料，2023

▶**全球NFT市場規模展望**

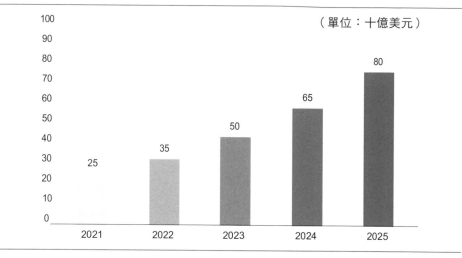

（單位：十億美元）

資料來源：Tokenized

年全球NFT市場規模約500億美元（約合新台幣1兆5,600億元），2025
年上看800億美元（約合新台幣2兆5,000億元）。

27 加密貨幣：方向雖然正確，但發展性不明確

- 不具備傳統貨幣的三大要件，價格可能暴跌
- 有非法交易、成為恐怖分子資金來源、洗錢等濫用問題

　　「加密貨幣」（cryptocurrency）也是最近常聽到的詞彙，是指用於網路上進行安全交易的加密數位貨幣。不同於生活中大家使用的貨幣由中央銀行發行與管理，加密貨幣缺乏發行與管理的中央機構。

加密貨幣的標準不一，名稱未能統一

　　與加密貨幣有關的名詞相當多，除了加密貨幣之外，也有虛擬貨幣、虛擬通貨、虛擬資產、加密化貨幣等。

　　投資者將「虛擬」與「貨幣」連在一起，合稱為虛擬貨幣，強調在用於投資的資產之中，現金（貨幣）所占比例的重要性。

　　韓國政府傾向使用虛擬通貨一詞。因為韓國政府認為，「虛擬貨幣」感覺不到貨幣的價值，也無法作為支付或交換的工具。在貨幣的傳統定義之中，一個東西要成為貨幣，必須具有價值儲存的功能，也要能當作衡量價值的工具，以及可作為交換的媒介，這些正是傳統貨幣的三大要件。韓國政府認為「加密貨幣」不具備貨幣的三大要件，僅是一種「電腦檔案」，加上發行貨幣的權利只限於韓國銀行，因此對加密貨幣的稱

呼刻意避開「貨幣」一詞。

　　然而區塊鏈業界認為，虛擬通貨一詞不足以說明加密貨幣具有優異的資安技術。學界則較支持稱呼為加密貨幣，因為加密貨幣是以區塊鏈技術加密的貨幣。

　　儘管名稱上沒有統一，但最近韓國政府開始使用「虛擬資產」一詞，而非加密貨幣或虛擬貨幣。

　　名稱不統一的情況在其他國家也一樣，外國對加密貨幣的稱呼有「數位通貨」（digital currency）、「虛擬通貨」（virtual currency）、「電子貨幣」（cyber money）、「虛擬貨幣」（virtual money）、「加密貨幣」（cryptocurrency）等等。

加密貨幣，具備監視貨幣流向的「區塊鏈」技術

　　加密貨幣大致可分為比特幣（Bitcoin）與山寨幣（Altcoin）兩大類。山寨幣的英文全名是「alternative coin」，也就是比特幣以外的所有加密貨幣，例如：以太幣（Ether）、瑞波幣（Ripple）、達世幣（Dash）、萊特幣（Litecoin）等等。目前全世界的加密貨幣有超過1,200萬種。

　　在韓國獲得政府許可的加密貨幣交易所有UPbit、Bithumb、Coinone、Korbit與GOPAX共五個，用戶在交易所的韓幣帳戶內存入現金之後，可開始購買加密貨幣，但買賣單位不像股市以1股為單位，而是採取0.0001或更小的單位進行交易。加密貨幣交易所沒有所謂的休市，一天24小時，一年365天，時時刻刻都在運作，用戶可隨時進場買賣。

　　比較特別的地方在於，加密貨幣不像韓幣或美元在國外有交易限制，加密貨幣在世界各地都能進行交易。以匯款為例，若在韓國想把錢匯到智利，必須把「韓幣」換成「披索」（peso），這時會產生一筆匯兌手續費。加密貨幣不必進行匯兌，可以直接轉帳。此外，韓幣或美元的價值（匯率）會因為國家的經濟狀況改變，當一國經濟衰退，會使該國的貨幣價值減少（匯率上升），加密貨幣則不受任何影響。

　　加密貨幣的另一項特徵是有「區塊鏈」技術，可仔細監控貨幣流向，不論在世界何處都能安全使用。區塊鏈是一種分散式記帳的資料庫技術，用來記錄加密貨幣的交易明細。「分散式記帳」沒有會出手干預的中央機構，使用者以「P2P」（Peer-to-Peer，個人對個人）直接達成交易。每次只要有新的交易達成，這項資訊就會另外形成一個「區塊」（block），與其他已存在的帳本相連結（鏈，chain），區塊鏈一詞因而產生。

　　比特幣是全世界最早、規模也最大的加密貨幣，同樣也運用了「區塊鏈」技術，2009 年 1 月由一位在網路上化名為中本聰的人推出，名稱來自於數位資訊的基本單位「bit」與硬幣「coin」。2008 年因為美國的次級房貸引發全球金融危機，民眾對中央銀行發行的貨幣失去信心，中本聰在網路上喊出「貨幣應該去中心化」，只能在網路上使用的加密貨幣 —— 比特幣因此誕生。

▶ **比特幣的符號 ฿**

以電腦解開加密的數學問題就能獲得比特幣

　　比特幣必須利用電腦運算解開加密的數學問題才能獲得，這個過程稱為「挖礦」（mining）。挖礦一詞是因為以電腦運算解數學題的過程像礦工在礦山裡反覆開鑿，歷經千辛萬苦才得到價值不菲的金屬礦產而得名。不過也有一些人戲稱挖礦取得加密貨幣的電腦使用者為「中央印製廠」。但是要以電腦解開數學問題通常得花上至少五年，因此大部分的人直接購買已經被開採出來的比特幣，或者在比特幣交易所以現金購入。

　　比特幣不能無限量的發行，有總量為2,100萬枚的限制，是中本聰在一開始就設下的上限。目前比特幣的發行量大約已達到90％，只剩下約10％可以開採。

　　比特幣能否超越一般日常生活中大家使用的貨幣（法定貨幣），成為一切交易的主要工具呢？就目前來看很難。因為比特幣的發行、流通不像法定貨幣，由中央銀行統一發行與管理，導致比特幣的價值容易大

▶比特幣的採礦作業

起大落，不符合貨幣的定義。

投資人在股票市場的買賣會根據公司的財報或業績，評估上市企業的價值，加密貨幣的交易單純只靠直覺（覺得未來會增值），因此只要有一點風吹草動，加密貨幣就會湧現大量買入或大量賣出，造成價格頻繁大起大落，有非常大的投機性。以 Terra 幣與 Luna 幣為例，這兩種加密貨幣的價格於 2022 年 5 月在一週內暴跌 99.99％，凸顯加密貨幣的問題。為了避免加密貨幣的價格有極端起伏，或被市場刻意炒作，有專家學者認為，加密貨幣的交易應該仿效股票市場，對交易時間、漲跌幅有一定規範。

除此之外，由於加密貨幣是在網路上以電腦程式碼產生的貨幣，有可能被駭客入侵，加上又是匿名交易，容易被用在毒品交易、武器買賣、恐怖分子的資金來源、洗錢、逃稅等非法犯罪用途。

▶ Terra 幣與 Luna 幣價格暴跌 99.99％的折線圖

資料來源：investingcube.com

28 區塊鏈：環環相扣的資訊鎖鏈，安全共享

- 是一種「數位交易帳簿」，安全性高、處理速度快
- 從金融業往零售業發展
- 2030年市場規模逾1兆5,938億美元[1]

　　虛擬貨幣的使用有逐漸走向一般化的趨勢，讓虛擬貨幣的基礎 ——「區塊鏈」（blockchain）成為關注焦點。區塊鏈是記錄所有交易的「數位分散式帳本」（digital distributed ledger），而「分散式帳本技術」（distributed ledger technology）將交易明細做成區塊（個別資料），如同自行車的鏈條，鏈條上的每一齒輪緊密連結，因此稱為「區塊鏈」。

區塊鏈，運用「數位分散式帳本技術」

　　區塊鏈是讓參與交易的所有人在各自的電腦伺服器（參與者或「節點」〔node〕），儲存各種金融交易明細，有新交易發生時，新交易的明細也會傳送到所有人的伺服器。假設交易只有甲、乙、丙三人參與，「甲對乙轉帳100萬元」、「乙對丙轉帳50萬元」的交易明細都會同樣儲存在三人的伺服器裡。有時雖然三人之中只有兩人進行交易，三個人還

---

① 譯註：約合新台幣50兆元。

是一樣都會收到交易明細，因此所有人都能監督交易的內容。

這種含有交易內容的「區塊」（block）會儲存在每位使用者的電腦伺服器裡，就像「鏈條」（chain，鎖鏈）一樣相互連結並儲存，區塊鏈因此得名。當有新的金融交易產生時，這個資訊會被做成新的「區塊」，像「鏈條」一樣與原本的帳簿連結在一起。

簡單來說，我們可以把區塊鏈聯想成銀行的交易明細表、產品購買收據，類似平時常見的記帳資料。具有資料儲存功能的區塊由「區塊體」（block body）與「區塊頭」（block header）所組成。區塊體上有交易明細，區塊頭上有默克爾根（merkle root，把區塊上所有交易明細做成摘要，以較小體積保管的資料）及隨機數（nounce，與密碼有關的數字）等加密編碼。區塊產生的週期大約為 10 分鐘，會記錄這 10 分鐘內的交易內容，加密之後儲存。

交易帳簿「區塊」像鏈條環環相扣，不易被盜與偽造

鏈條讓交易帳簿「區塊」相互連結，可避免被竊取或偽造。當交易資訊緊密連結時，就算有外部侵入者進入網路，也難以竊取資料。下面將針對區塊鏈與一般金融服務的安全性進行比較。

舉例來說：甲欲對乙轉帳 50 萬元。一般若使用銀行的應用程式，必須透過銀行的交易系統，從甲的帳戶對乙的帳戶轉帳，這時「甲對乙轉帳 50 萬元」的交易明細儲存在銀行的伺服器。若有駭客入侵銀行的伺服器，可能竄改交易記錄，把「甲對乙轉帳 50 萬元」改成「甲對乙轉帳 500 萬元」，或把 50 萬元入到自己的帳戶。

若改用區塊鏈技術，不會有上述煩惱。因為如同前面提過，區塊鏈

除了交易當事人之外，其他區塊鏈上的所有使用者也都會共享資訊。因此，「甲對乙轉帳50萬元」的這筆記錄，除了儲存在甲和乙的伺服器，也會儲存在丙的伺服器上，如同把區塊鏈上所有當事人的金融交易紀錄綑綁在一起。這時若有駭客欲竄改轉帳紀錄或竊取金額，必須分別入侵甲、乙、丙三人的伺服器，不是一件簡單的事情。所幸，最近銀行已經大幅加強資訊安全，不像以往容易被有心人士入侵系統。

中本聰利用區塊鏈技術開發全球第一個加密貨幣

　　區塊鏈技術是誰在何時開發的呢？答案是1983年美國的電腦科學家暨密碼學家大衛‧喬姆（David Chaum）。1983年喬姆利用區塊鏈技術推出「e-cash」，以「盲簽名」（blind signature）的方式進行網路轉帳，可視為比特幣的前身。盲簽名的目的是保護個人資訊，因此隱藏轉帳者的身分。

　　後來華裔電腦科學家暨加密學家戴維（Wei Dai）在1998年發表匿名的分散式電子現金系統（anonymous, distributed electronic cash system）「B-money」。B-money對比特幣的誕生有很大影響。

　　1998年美國的電腦科學家尼克‧薩博（Nick Szabo）以「智慧型合約」（smart contract）為基礎，推出名為「Bit Gold」的加密貨幣。「智慧型合約」是利用區塊鏈，在無第三方認證之下，可直接完成P2P（個人對個人）合約的技術。

　　不過，全世界最早利用區塊鏈技術開發出加密貨幣的人是中本聰。中本聰只是一個網路上的化名，並不是日本人。中本聰在2009年1月發表世界上頭一個加密貨幣 —— 比特幣。由於比特幣具有區塊鏈特有的

資安特性，許多人得以在沒有銀行的幫助下，直接在網路上從事金錢往來。比特幣利用區塊鏈管理交易帳本，每 10 分鐘就會記錄新的交易內容（區塊），並且儲存、連結。由於每 10 分鐘就會將所有參與者的交易內容儲存在一個區塊，具有相當高的資訊安全。

區塊鏈技術在日常生活的應用有金融支付、轉帳、身分認證等。由於不必透過中央伺服器認證就能交易，簡化交易流程，尤其是對國外匯款特別有競爭力。一般若透過銀行匯款到國外，平均處理時間需要二至三天，但區塊鏈可即時完成。

除了金融領域，最近在零售業也開始有區塊鏈的應用。以美國最大的零售業者沃爾瑪（Walmart）為例，沃爾瑪把多達數百種蔬果的產地、加工廠、運輸明細記錄在區塊鏈上，再將資訊放入 QR code（含有資訊的二維條碼），讓消費者可利用 QR code 看到未被造假的生產履歷。

區塊鏈的三難困境與改善方向

雖說如此，區塊鏈也不是一項完美的技術。隨著區塊（交易）的數量增加，還是無法避免成為駭客的目標。因此必須加強區塊鏈的資訊安全，「區塊鏈三難困境」（blockchain trilemma）的重要性也愈來愈高。

「三難困境」就是有三個兩難（dilemma，困境），也稱之為「三個難題」，代表同時面對三種困擾。區塊鏈面對的三難困境是「去中心化」（decentralization）、「安全性」（security）與「擴展性」（scalability）。

「去中心化」是跳脫政府與中央銀行的法令規範。對區塊鏈業界而言，基於區塊鏈技術本身的特性，雖然能做到去中心化，但是無法完全擺脫政府的管制或干預。「安全性」也是必須解決的問題。只要參與的

▶區塊鏈技術的市場規模

（單位：十億美元）

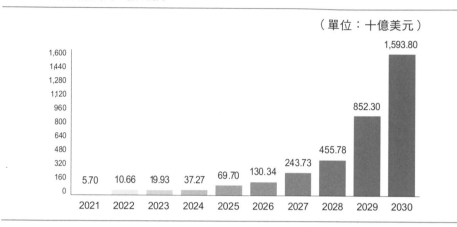

資料來源：Precedence Research

人一多，區塊增加，要防範駭客與變造的管理時間也會相對增加。此外，區塊鏈還必須注意「擴展性」的問題，才能壯大目前的系統與規模，容納更多交易。

　　區塊鏈的未來發展性看好。市調機構Precedence Research的資料顯示，2023年全球區塊鏈市場規模約199億美元（約合新台幣6,240億元），2030年可成長至1兆5,938億美元（約合新台幣50兆元）。

第 3 章

從未來氣候與環境
看經濟知識

29 循環經濟：永續的經濟活動

- 節約資源、重複使用，成就永續的經濟活動
- 為落實循環經濟，應推動企業 ESG 經營
- 2030 年全球循環經濟規模上看 4 兆 5,000 億美元[①]

　　循環經濟（circular economy）的重要性愈來愈高，但經濟會「循環」是什麼意思呢？循環經濟是透過節約資源、重複使用、保護環境，使經濟活動可以永續發展的經濟模式。這難道在說原本的經濟模式不環保？

　　目前大多數國家的產品從製造到廢棄大致分為三個階段：「取得」（take）生產必要的資源、利用資源「大量生產」（make）、產品使用後的「廢棄」（dispose）。這種經濟模式稱為「線性經濟」（linear economy），也就是業者取得原料製造成產品後，消費者用完就丟棄的「單向」經濟結構。不過也有學者認為，單方向的線性經濟應分成「生產、銷售、消費、收集與廢棄」四個階段。

　　線性經濟模式的資源使用後就被丟棄，也會因為產品廢棄造成環境污染，經常引起爭議。

---

① 譯註：約合新台幣 141 兆元。

▶**線性經濟概念圖**

資料來源：www.researchgate.net

應擺脫有環境污染爭議的「線性經濟」，朝「循環經濟」邁進

　　循環經濟跳脫線性結構，把重點放在資源重複使用或回收再利用，減少對環境的影響。簡單來說，循環經濟是「生產、銷售、消費、收

▶**循環經濟流程圖**

資料來源：www.wdo.org

集、回收再利用、設計（企畫）」的六個階段重複循環，所以循環經濟能使產品不會淪為廢棄物，而是「再生」，如同建立一個可以重複使用的系統，藉此減少廢棄物的數量，同時也能減少污染物質及溫室氣體排放，達到保護環境的目的。

　　循環經濟與曾經流行一時的 3R 運動有什麼差異呢？

　　3R 是取自「reduce（垃圾減量）、reuse（重複使用丟棄的物品）、recycle（回收再利用）」的字首縮寫，如同字面意思，就是減少製造垃圾（污染物質的根源），再一次使用欲丟棄的物品，積極參與回收再利用。因為大量生產與大量消費，造成大量物品成為廢棄物，不但會破壞地球的環境，也會造成資源枯竭。循環經濟與 3R 的共通點是，兩者都屬於避免上述情況發生的因應對策，但 3R 的重點放在垃圾減量，循環經濟則是注重透過回收再利用製造新產品，既可獲利也能保護環境。

　　這裡我想考考大家，「重複使用」（reuse）與「回收再利用」（recycle）有什麼差別？

　　重複使用是已經用過的物品反覆使用，或改變若干功能、修理後繼續使用。換句話說，就是回收用過的物品，經過清潔、消毒之後，維持物品原來的形狀繼續使用，例如：舊衣服、舊書刊、舊家具經過清潔後的繼續使用。相對之下，回收再利用是把廢棄物進行加工，製造出新的物品提供使用，也就是把物品粉碎、溶解，成為製造新產品的原物料，例如：報紙、玻璃瓶、鐵鋁罐、鋁箔包等等，經過處理成為製造用的原物料。若把重複使用與回收再利用進行比較，維持物品原來的型態重複使用，在環境保護與成本面的考量上，會比回收再利用有更好的效果。

鮑丁率先提出循環經濟，主張應擺脫「牛仔式經濟」

既然如此，首先提出循環經濟概念的人是誰呢？這個理論最早出現在1966年美國經濟學家肯尼思・鮑丁（Kenneth Ewart Boulding）所寫的論文。鮑丁認為，追求經濟發展應該跳脫過度使用資源、破壞環境的「牛仔式經濟」（cowboy economy）。牛仔式經濟認為資源無限，就算盡情揮霍也不會有任何問題。

但是我們只有一個地球，必須愛惜自然環境，這個概念使循環經濟的影響力愈來愈大。循環經濟從很久以前就是世界經濟論壇（WEF）[2]的關注焦點。

最近從循環經濟延伸出結合環境（environmental）、社會（social）與（企業）治理（governance）的ESG經營理念，認為企業的經營活動應顧及環境保護，才能成為永續發展的企業。

既可保護環境，也能讓企業承擔社會責任（CSR）的循環經濟規模持續成長。2022年底全球循環經濟規模約3,390億美元（約合新台幣10兆元），預估2030年將突破4兆5,000億美元（約合新台幣141兆元）。

韓國也不例外[3]，2023年6月21日發表「借助循環經濟的產業發展策略」，把焦點放在三大策略：擴大資源的循環利用、確保各產業的循環經濟競爭力、建立循環經濟基礎。在確保各產業的循環經濟競爭力

---

[2] 世界經濟論壇每年固定在瑞士達沃斯舉行，會有各國政治人物、政府代表、經濟學者齊聚一堂，討論國際上的經濟議題、交換資訊，也稱為「達沃斯論壇」。

[3] 譯註：台灣經濟部2018年發表「循環經濟推動方案」，分為四大策略與兩大主軸。四大策略是：推動循環技術暨材料創新研發及專區、建構新循環示範園區、推動綠色消費與交易、促進能資源整合與產業共生。兩大主軸是循環產業化、產業循環化。期望透過跨領域整合，解決產業永續發展的困境，培育相關人才。

▶韓國借助循環經濟的產業發展策略

領域	計畫簡介
①石油化學	**計畫1：擴大生產熱分解油** ● 修訂石油事業法，使**發展熱分解油事業**必要的**法令完備** ● 擴充相關設備，增加**取得廢塑膠**的基礎設施
	計畫2：轉型為高級原物料 ● 開發廢塑膠分解、塑膠熱分解等**提升物理性質**的技術 ● 對轉型為回收再利用的企業提供諮詢、支援設備改善（2024年起）
②鋼鐵 ③非鐵金屬	**計畫3：廢鐵回收再利用** ● 把廢鐵納入「循環性資源」，**發展**廢鐵篩選技術與**相關技術** ● 舉辦「鐵資源雙贏論壇」，擬定**有系統的管理**方式，包括取得海外廢鐵資源
	計畫4：稀有金屬循環利用 ● 針對28種稀有金屬的**生命週期進行多重要素驗證**，掌握供給與需求 ● 擴大研發高純度稀有金屬的環保**冶煉、萃取技術**，建立**測試中心**
④電池	**計畫5：建立重複使用、回收再利用的基礎** ● 制定電池重複使用的安全檢測制度，以及**電動車電池生命週期履歷管理制度** ● **籌備由民間主導的管理制度**，建置大規模測試中心與商用化支援中心
	計畫6：推動再生原料的生產與使用 ● **研發相關技術**，從廢電池與電池製程廢料**取得鋰、鎳**等原料 ● 取得回收再利用或重複使用認證（GR）標章的產品，**參與公共採購案投標可獲得優待**
⑤電機電子 ⑥纖維	**計畫7：導入生態設計（eco-design）** ● **實施韓國型生態設計（資源效率等級制）**，擴大建置基礎設施，例如：成立支援中心、人才培育中心 ● 舉辦大企業與中小企業共創雙贏的交流活動，**開發生態設計商業化模型**
⑦汽車 ⑧機械	**計畫8：推動再製造（remanufacturing）產品外銷** ● 對老舊建設機具與工業機具再製造，**外銷至東南亞、中亞，或支援在當地再製造→必須由雙邊政府合作**
⑨水泥	**計畫9：取得替代燃料與原料** ● **技術研發**：石灰石（原料）→非碳酸鹽副產品、煙煤（燃料）→廢塑料 ● 評估混凝土氯化物規範是否變更為**總量作為標準**

資料來源：韓國產業通商資源部

上，韓國政府針對石油化學、鋼鐵、非鐵金屬、電池、電子、纖維、汽車、機械、水泥等九大產業，訂定「九項推動計畫」（CE9），鼓勵相關企業積極利用廢棄資源，落實對環境友善的企業管理。現在不論對政府或企業，推行環保政策已經不再是「選項」，而是一種「必要」。

30 人類安全：為人類設想的技術

- 以能源作為外交手段、新冠肺炎、AI、糧食不足，各種威脅凸顯人類安全的重要性
- 「CES 2023」對保健威脅、糧食威脅、科技威脅發出警告

2023年1月5日至8日「CES 2023」在美國內華達州有「娛樂城」之稱的拉斯維加斯舉行。CES取自「消費者家電展」（Consumer Electronics Show）的英文字首縮寫，是全球最大規模的資訊科技與家電博覽會。簡單來說，就是全球最大的家電產品展示會，各國知名品牌業者會在這裡展示搭載最新技術的產品，互相較勁。2023年CES活動上出現了令人意外的主題 ——「人類安全」（human security）。相較於大家熟悉的「國家安全」與「國防安全」，「人類安全」是比較陌生的概念，這是什麼意思呢？

聯合國開發計畫署在1994年的報告書介紹「人類安全」概念

人類安全是把人類放在安全的最頂端，這個詞首見於聯合國開發計畫署（UNDP，United Nations Development Programme）發表的《1994年人類發展報告書》（*Human Development Report 1994*）。聯合國開發計畫署

▶人類安全概念示意圖

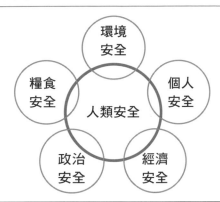

是聯合國底下的組織，專門負責協助開發中國家的經濟發展。

聯合國開發計畫署強調的人類安全與「免於恐懼、匱乏與屈辱」（freedom from fear, want and indignity）是相同概念。簡單來說，聯合國開發計畫署認為，進入後冷戰時代，除了國家安全與國防安全之外，也應該重視提高人類的生活品質。這段話意味一國政府應制定國家政策、建立系統，使人民擺脫各種疾病、環境污染、地球暖化等威脅人類生存的因素。

人類安全與最新科技似乎沒有太大關聯，為何會是CES 2023聚焦的主題呢？首先必須提到新型冠狀病毒的影響。

2019年12月新冠肺炎疫情在中國武漢爆發之後，到2023年6月已經過了將近四年，依然持續有人確診。截至2023年6月底，全球累積的確診人數達到7億6,751萬人，其中有694萬人因此喪命。若以全球人口數約80億人計算，等於每10人之中就有1人罹患過新冠肺炎。韓國的情況也是類似，2020年1月20日傳出首例之後，截至2023年6月底，累積確

診人數達2,986萬人，以韓國總人口數約5,155萬人計算，確診人數比率高達58％，其中約3萬5,000人不治。[①]

　　新冠肺炎疫情該注意的部分不僅是確診人數與死亡人數。這次疫情凸顯肉眼看不見的病菌除了是衛生保健上的危機，還造成通貨膨脹（inflation）、全球物流系統崩潰、戰爭等各種問題，對人類生存造成威脅。換句話說，新冠肺炎雖然不是軍事上的威脅，卻因為病毒肆虐而威脅人類生存。由安全專家德瑞克·雷維隆（Derek S. Reveron）與凱斯琳·馬霍尼－諾里斯（Kathleen A. Mahoney-Norris）合著的《無國界世界裡的人類安全》（*Human Security in a Borderless World*）中強調，類似新冠肺炎的疫情只要一發生大流行，就會變得無法控制，唯有早期預防才能避免疾病擴散。

工業化大量排放溫室氣體，造成糧食危機、聖嬰現象、極端天氣

　　全世界目前正因為工業化排放大量的溫室氣體，遭遇到極端天氣（extreme weather）。2023年3月13日至19日「政府間氣候變遷專門委員會」（IPCC，Intergovernmental Panel on Climate Change）在瑞士召開第58次全體會議，一致通過第六次評估報告，傳達地球暖化造成的駭人後果。政府間氣候變遷專門委員會是世界氣象組織（WMO，World

---

① 譯註：台灣在2020年1月20日傳出首例，根據衛生福利部疾病管制署公布的統計，截至2023年9月7日累積確診人數達1,024萬人，累計確診率43.87％，其中約1萬7,600人不治。

Meteorological Organization）與聯合國環境署（UNEP，UN Environment Programme）共同成立的國際組織，隸屬於聯合國，專門評估與氣候變遷有關的全球風險，擬定國際性的對策。

第六次評估報告提到，2011至2020年地球表面溫度比1850至1900年平均上升攝氏1.09度，人類排放的溫室氣體是造成地球暖化的主因。從1850至2019年累積的溫室氣體排放量約2,400±240Gt，其中有58%是1850至1989年累積的排放量，42%是來自1990至2019年。雖然在139年內（1850至1989年）排放的溫室氣體量超過半數，但在短短29年內（1990至2019年）也排放了接近一半的溫室氣體，是非常駭人的事。

尤其大氣中的溫室氣體濃度也是有史以來的最高。2019年大氣中的二氧化碳濃度為410ppm，是兩百萬年來的最高值，且大氣中的甲烷濃度為1,866ppm、二氧化氮濃度為332ppm，兩者也是最近八十萬年以來最高。

除了地表溫度上升、溫室氣體濃度、甲烷濃度、二氧化氮增加，聖嬰現象（El Niño）也影響農作物的生產。El Niño是西班牙文的「男孩」，指東太平洋赤道附近的海平面溫度，比平均值高出攝氏0.5度以上。若海平面溫度上升，從東邊吹來的信風減弱，無法引起對流，造成對流聚集在中太平洋與東太平洋，使海水溫度更加上升。這個原因使全世界許多地方發生乾旱、酷暑、水災等天然災害，極端天氣也會影響農作物種植。

新冠肺炎、聖嬰現象在全世界造成災情，日益嚴重的糧食問題也逐漸威脅到人類安全。尤其2022年2月24日爆發俄羅斯與烏克蘭的戰爭，更讓全世界的糧食危機雪上加霜。烏克蘭有「歐洲穀倉」之稱，盛產小麥、大麥及玉米，農業生產因為戰爭大受影響，導致全球糧食價格飆

▶ **全球平均溫度歷年趨勢**

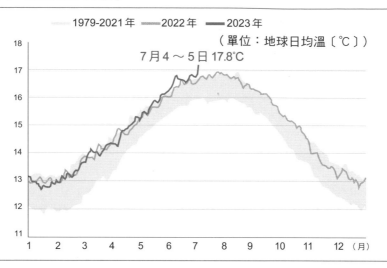

資料來源：NOAA NCEP

漲。烏克蘭是農業大國，境內有70％的國土是農耕地，小麥外銷占全球12％、玉米外銷占全球16％。

聖嬰現象與烏俄戰爭造成農作物的供給量無法滿足需求量，農作物價格不斷飆漲，「農業通膨」（agflation）愈演愈烈，這讓不景氣之中物價依然持續上升的「停滯性通膨」（stagflation）變成嚴重問題，人類陷入難以脫困的糧食危機。

除了極端天氣與戰爭，ChatGPT等新科技也可能威脅人類

人類安全除了面對極端天氣與戰爭威脅，新科技的出現也是新的威脅因子，最近頗有人氣的生成式人工智慧（AI），例如：「ChatGPT」就

是一例。

　　AI 被比喻為「雙面刃」。當刀柄的兩端都有刀刃，攻擊對方的同時也有可能刺傷自己。簡單來說，AI 依照使用目的與使用方式，有可能創造出對人類有幫助的「烏托邦」（utopia），也可能創造出黑暗世界，成為搶走人類工作的「反烏托邦」（dystopia）。

　　AI 帶動的第四次工業革命雖然創造出「自駕車」、「物聯網」（IoT）等各種先進技術，讓車輛不必由人駕駛，各種裝置也能藉由感測器、處理器與網路交換資訊，但這些先進科技也可能搶走人類的工作與生存權利。這就是為何美國《財星》雜誌曾悲觀預測，未來 15 年內 AI 能取代人類從事 45 至 50％的職業。

　　無獨有偶，全球政治、經濟、學術界人士齊聚一堂，討論當前主要議題的世界經濟論壇（WEF）也預測，2025 年全球將有 8,500 萬個職缺會被 AI 等自動化所取代，由機械處理任務的比率將由 30％提高到 50％。雖然世界經濟論壇也認為，未來會有 9,700 萬個新的工作機會，比消失的 8,500 萬個還多出 1,200 萬個，但人類憂心新科技對職場造成的威脅，不會這麼容易消失。

31 碳中和：溫室效應的真兇，減碳吧

- 地球暖化使「大氣長河」帶來極端天氣
- 以CCUS等新技術作為解決辦法

　　「碳中和」（carbon neutral）也是最近常聽到的新名詞，這裡的「碳」是使用石油等石化燃料產生的二氧化碳（CO_2）。

　　造成地球溫度上升的原因很多，其中一項代表性的因素是石化燃料。工業化造成石化燃料的用量增加，使用石化燃料產生的二氧化碳聚集在地球表面，讓地球的溫度慢慢上升，這個現象稱為「溫室效應」（greenhouse effect）。溫室效應是指圍繞地球的大氣層讓地球像處在溫室，無法排放到太空的輻射熱再次反射，被地球吸收，導致地球表面的溫度上升。

西元1750年地球平均溫度13.42℃，2023年7月已上升到15℃

　　科學家認為，工業革命以來，已排放約2兆公噸的二氧化碳到大氣中，這些二氧化碳造成的溫室效應使地球溫度逐漸上升。簡單來說，發生第一次工業革命的西元1750年，地球平均溫度為攝氏13.42度。年均溫度也簡稱為平均溫度，表示一整年氣溫的平均值。世界各國陸續工業

化（1850 至 1900 年）之後，地球平均溫度開始上升，2023 年 7 月已上升到攝氏 15 度。

　　大家可能認為第一次工業革命發生至今已過了 273 年，從工業化開始至今也過了 173 年，平均溫度上升攝氏 1.26 至 1.58 度不是什麼大事，但地球暖化若讓地球溫度上升攝氏 1 度，流入大氣長河（atmospheric river）的水蒸氣就會增加 7％。

　　大氣長河就像河水，匯聚了通過大氣的水氣，成因是熱帶氣候在赤道附近產生龐大的水氣，屬於水氣蒸發產生的自然現象。從大氣裡蒸發的水氣形成一條寬約 250 至 375 英尺（約 76 至 114 公尺）的狹長水氣帶，像河流一樣移動，水量約為美國第二長河（3,767 公里長）—— 密西西比河的 20 至 25 倍。若大氣長河的水蒸氣密度增加，世界各地都會下起豪雨。

▶大氣長河示意圖

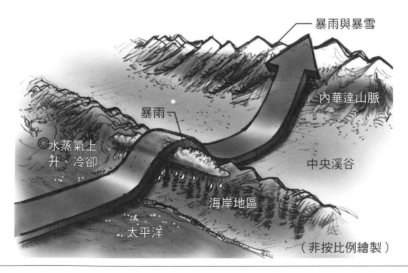

資料來源：LATIMES

　　假如地球平均溫度上升攝氏1度，伴隨而來的不只是酷暑、暴雨、暴雪等極端天氣。隸屬於瑞士納沙泰爾大學（University of Neuchâtel）的生物學研究院（Institute of Biology）2022年4月曾發表一篇研究報告，內容提到只要地球的平均溫度上升攝氏1度，昆蟲繁殖就會增加，最多會使小麥、稻米、玉米等主要農作物的產量減少25％。換句話說，昆蟲大量出現會對全球主要耕種地區造成危害。以有大面積耕地的美國為例，預估美國一年因為蟲害造成的農作物損失金額約10億美元（約合新台幣313億美元）。若納沙泰爾大學生物學研究院的預測成真，人類除了極端天氣之外，還會面臨糧食不足的雙重危機。

▶世界糧食價格指數歷年變化

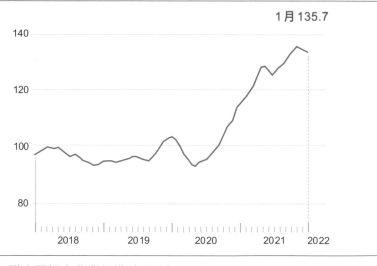

資料來源：聯合國糧食農業組織（FAO）

應加強碳中和政策，使二氧化碳排放量「歸零」

氣候災難由地球暖化所引起，二氧化碳是地球暖化的真兇，這點不難理解，但「中和」又是什麼意思呢？中和是指不是「正（＋）」也不是「負（－）」的狀態。那麼是要把二氧化碳的排放量調整到不增加（＋）也不減少（－）的意思嗎？

碳中和精確來說，是把個人、企業或各個機構排放的二氧化碳再次吸收，使實質二氧化碳排放量為零（zero），也就是設法讓排放的碳量與被吸收的碳量相等，達到「淨排放量為零」。所以碳中和也稱為「淨零」（net zero）或「碳零」（carbon zero）。

這裡有個問題，人類肉眼看不見的二氧化碳，難道不會隨時間經過逐漸消失？答案是否定的。美國芝加哥大學教授大衛・亞裘（David Archer）認為，若排放的二氧化碳達到1兆至2兆公噸，其中有29％經過一千年依然會留在大氣中，有14％經過一萬年也不會消失；就算經過十萬年，人類排放的二氧化碳仍有7％殘留在大氣中。這也就是各界急於推動碳中和的原因。

國際社會為了解決愈來愈嚴重的氣候變遷問題，1997年先進國家簽署《京都議定書》（Kyoto Protocol），把環境保護當作義務，2015年更進一步通過《巴黎協定》（Paris Agreement）①，不論先進國家或開發中國家都必須遵守，相關規範於2016年11月4日生效。

《巴黎協定》的目標是把地球平均溫度的上升幅度，控制在比工業

---

① 譯註：台灣並非《巴黎協定》的締約方，但身為國際社會的一分子，主動加入減碳行列。

化之前增加攝氏1.5度以內。因為地球升溫若超過臨界值（上限）──攝氏1.5度，環境就可能「走向毀滅」。韓國也有簽署《巴黎協定》，為了落實《巴黎協定》，2021年8月韓國政府公布碳中和情境草案，目標是2050年實現碳中和。

但是包括大家日常生活使用的汽車及工廠設備，大量排放的二氧化碳無法在一夜之間就全部消失。難道沒有比實踐碳中和更實際的辦法？其實最簡單的方法就是在山上與草地上種植樹木，由樹木行光合作用吸收二氧化碳，對大氣釋放出氧氣。

若要種植大片山林，費用肯定相當可觀，因此還有另一種方式，就是由政府制定法令，讓業者依照碳排放量購買碳權，以此取得造林的經費。碳權是排放二氧化碳的權利，也就是把碳排放量換算成金錢，在市場上進行交易。企業購買碳權所支付的金錢可用來造林，同樣也能吸收二氧化碳。

最困難但也是最重要的，就是禁止使用石化燃料，避免排放二氧化碳進入大氣。業者應投資可取代石化燃料的無公害能源，例如太陽能、風力等再生能源領域，這也是能減少碳排放的方法。

加強碳足跡制度的二氧化碳減排策略

減碳的另一種方式是實施「碳足跡」制度（carbon footprint）。碳足跡是由個人或機關團體直接、間接排放的二氧化碳總量，這個概念最早在2006年由英國議會的科學與技術辦公室（POST，Parliamentary Office of Science and Technology）所提出，認為製造業應該標示產品的碳足跡，註明這項產品從原物料取得開始，一直到生產、銷售、使用、廢棄為

▶ 碳足跡

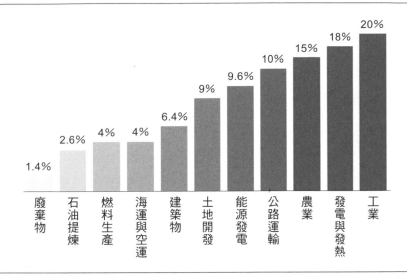

止，所有過程的二氧化碳排放量。

　　韓國政府雖然有意跟隨世界趨勢，持續推動碳中和政策，但韓國的產業結構以製造業為主，要達到有效減少排放二氧化碳並不容易。舉例來說，韓國雖然身為有「先進國家俱樂部」之稱的經濟合作暨發展組織（OECD）會員國，溫室氣體的排放量卻是全球第五多。根據韓國產業研究院（Korea Institute for Industrial Economics and Trade）公布的資料，若在鋼鐵、水泥、石油化學等三大產業推動碳中和，到2050年至少得花上400兆韓元（約合新台幣9兆4,000億元）；若在所有產業領域全面推動碳中和，至少需投入800兆至1,000兆韓元（約合新台幣18兆9,000億元至23兆6,000億元）。

　　最近還有一種把二氧化碳捕捉（捉起來）吸收後，讓實際排放量為零的技術，稱為「碳捕捉、利用與封存」（CCUS）。CCUS是carbon capture utilization and storage, sequestration的縮寫，如同字面意思，就是捕捉（capture）碳（carbon）之後，將其加以利用（utilization）或儲存、隔離（storage、sequestration）的技術。針對捕捉到的碳，依照處理方式，CCUS可分為CCS與CCU。CCS（碳捕捉與封存）是捕捉碳之後，予以儲存、隔離的技術，利用把捕捉到的二氧化碳加工成液態，埋入地底沈積層，可在短時間內讓二氧化碳減少。CCU（碳捕捉與利用）是捕捉二氧化碳後再次使用的技術。韓國中部發電廠寶寧火力發電總處（Korea Midland Power Boryeong Power Plant Headquarters）設置有10MW等級的二氧化碳捕捉設備，這裡捕捉的二氧化碳在加工成農業用與工業用二氧化碳後，重新拿到市場上銷售。[2]

　　韓國政府的目標是2050年利用CCUS技術減少8,640萬公噸的二氧化碳排放。如果這類新技術能持續問世，降低碳中和的成本，相信製造業也能在沒有負擔的情況下從事營業活動。[3]

---

[2]　譯註：台灣電力公司在台中減碳技術園區有各種CCUS測試、研究。

[3]　譯註：台灣在2022年宣布2050淨零排放路徑及策略，積極與國際接軌。

32 綠氫：守護地球的能源替代方案

- 灰氫、藍氫、綠氫，氫有很多種製造方式
- 2050年全球氫能市場上看2兆5,000億美元[①]，可增加3,000萬個新職缺

　　隨著二氧化碳被發現是造成地球暖化的真兇，各界開始呼籲應該改用可保護地球的能源、開發相關技術，最近氫（hydrogen，H_2）成為關注焦點。氫是宇宙中最豐富的化學元素，占宇宙總質量75％，無須像石油等石化原料般必須擔心將來有一天會枯竭。

地球暖化的解方，無公害的氫

　　氫與氧結合可產生水（H_2O），具有使用後可再次循環成水的特性，且氫燃燒（與氧結合，放出大量光和熱的現象）後，會轉變成極少量的氮氧化物與水，不會排放二氧化碳。由於氫不會產生公害，因此被視為對環境友善的能源。此外，風力、太陽能、水力等再生能源會依照地理位置而有儲存量的差異，氫也沒有這個問題，若能善加利用氫，如同取得一項永不枯竭的環保能源。

　　基於氫有前述多項優點，最近在燃料電池（氫燃料電池）、電動車（氫能車）、船舶（氫燃料電池動力船舶）、無人機（氫能無人機）、建

---

① 譯註：約合新台幣79兆元。

設機械（氫能挖土機、氫能堆高機）等許多領域，都能看見氫的應用。

依照製造方式的差異，氫可分為灰氫、藍氫與綠氫。

灰氫：用天然氣重組氫

作為能源使用的氫，大部分是由石化燃料製造的灰氫（grey hydrogen）。簡單來說，就是來自於天然氣的氫。天然氣的主要成分是甲烷，讓甲烷與高溫高壓水蒸氣產生化學反應，就能從中分離出灰氫，所以灰氫也稱為「重組（reforming）氫」。「重組」是利用熱或觸媒改變元素的結構。換句話說，甲烷因為高溫高壓水蒸氣的熱能轉變為氫。

製造石油化學產品的過程會產生副產品，這個副產氫（byproduct hydrogen）也是灰氫。副產氫是製造過程附屬（另外）產生的氫（後續會提到的藍氫、綠氫也都屬於副產氫），由於只是副產品，欲提高產量有其限制，但以這個方式獲得的氫無須另外添購生產設備，還是具有經濟效益。目前全世界產出的氫有95％以上都是灰氫。

但在產生1公斤灰氫的過程，卻會排放多達10公斤的二氧化碳。因此，製造灰氫雖然是好事，過程中大量排放二氧化碳，造成地球暖化，與「殺雞用牛刀」沒什麼差別。只是相對於石油跟煤炭，天然氣排放的有害環境物質較少，仍可算是「潔淨燃料」，但嚴格來說，天然氣跟石油、煤炭一樣都屬於石化燃料。目前韓國燃煤發電的比例高，使用太陽能、風力等再生能源的比例低[2]，雖然天然氣可取代煤炭與石油，但是

---

[2] 譯註：2023年台灣火力發電量占81.8％，包括：燃煤34.1％、燃油1.2％、燃氣44.1％、汽電共生2.4％（不含垃圾及沼氣）等；再生能源為9.9％（含水力及汽電共生中的垃圾及沼氣）。

依然會排放有害地球環境的二氧化碳，這一點仍值得思考。

藍氫：利用CCUS減少碳排的「灰氫」

藍氫（blue hydrogen）的製造方式與前面提過的灰氫相同，一樣都是讓甲烷與高溫高壓水蒸氣發生化學反應得到的副產品。不過藍氫以碳捕捉、利用與封存技術（CCUS）處理製造過程產生的二氧化碳，這部分與灰氫有差異（CCUS參見「碳中和」的章節）。

簡單做個整理，藍氫雖然和灰氫一樣，都由天然氣製造，但是因為採用了碳捕捉設備，捕捉了90％的二氧化碳，因此排放出的二氧化碳比灰氫少。雖然無法達到二氧化碳排放量為「零」的目標，但藍氫已減少二氧化碳排放，可保護環境，生產成本也不高，是同時達到「環保」與「經濟效益」的能源。

綠氫：水電解產生氫

綠氫（green hydrogen）是利用電對水分解（稱為「水電解」）的方式取得，在生產過程不會產生二氧化碳等有害物質，而且電解使用的能源來自於太陽能、風力等環保再生能源產生的電力，因此在灰氫、藍氫與綠氫之中，綠氫最為環保。

可惜綠氫的製造方式不適合韓國。因為韓國的太陽能、風力等再生能源不夠充足，無法大量生產綠氫，加上再生能源的價格不低，製造綠氫所費不貲。因此綠氫主要用在土地遼闊且日照量充足的北美及歐洲國家。

▶依製造方式區分三種氫

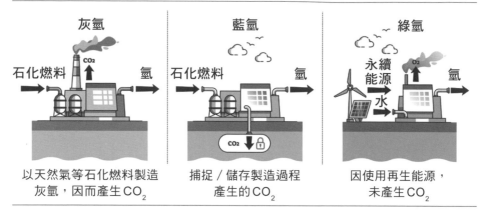

資料來源：Shutterstock

　　即便如此，我們也不該輕易放棄大量生產綠氫，畢竟綠氫堪稱「保護環境的終極手段」。韓國在「2050年碳中和推動策略」中，已將二氧化碳排放量為零作為願景，有義務採用綠氫等潔淨氫。

　　氫能市場的展望非常良好。韓國政府的氫能經濟委員會預估，2050年氫能將占全球能源消耗量18％。麥肯錫顧問公司預估，2050年全球氫能市場規模將成長至2兆5,000億美元（約合新台幣79兆元），氫經濟發展可創造3,000萬個新職缺。碳中和與對環境友善的企業經營，現在已經是大家無法逃避的問題。

▶ 2050年全球氫經濟市場展望

資料來源：麥肯錫

33 氣候情境分析（CSA）：
金融機構關心天氣的理由

- CSA 是一種氣候危機的「壓力測試」
- 若無法因應極端天氣，銀行持有的企業資產損失增加，恐導致金融體質惡化

　　地球暖化等氣候變遷會影響全世界已不是新聞，但是最近有一群人非常關心由氣候變遷造成的災害，就是銀行、保險公司等金融機構。銀行光是辦理儲金、貸款等基本的金融業務已經非常忙碌，為何還要關心氣候變遷呢？

銀行與金融機構著眼 CSA 的理由

　　答案是因為「氣候情境分析」（CSA，climate scenario analysis）。情境分析是為了因應未來可能發生的不確定狀況，事先列出多種情境，再依照不同的情境研擬計畫；這裡的情境是某種事件可能發生的多種假設情況。那麼氣候變遷情境分析是什麼意思呢？由於我們無法事先得知氣象災害發生的時間與地點，但是只要一發生氣象災害，就會對社會、經濟造成很嚴重的傷害，因此銀行必須事先掌握可能因為氣候變遷造成的危害，這件事情就稱為 CSA。換句話說，CSA 是一項評估作業，銀行擔心氣候變遷會影響本身持有的資產，用 CSA 來評估資產受負面影響的程度。

最早的CSA始於美國。2023年美國的中央銀行——聯邦準備制度（Fed，簡稱聯準會）推動CSA試辦計畫，鼓勵美國銀行（Bank of America）、花旗集團（Citigroup）、高盛集團（The Goldman Sachs Group）、摩根大通銀行（JPMorgan Chase）、摩根士丹利（Morgan Stanley）、富國銀行（Wells Fargo）等美國六大銀行參與，由聯準會對這些銀行進行情境分析，評估氣候變遷可能造成的實體風險（physical risk）與轉型風險（transition risk）[1]。簡單來說，實體風險是天然災害造成的風險，在這裡是聯準會評估極端天氣對美國房地產市場（住宅用與商業用）造成的負面影響。透過評估實體風險，讓銀行審視自己是否能滿足一般民眾或企業客戶的貸款需求。

TCFD，敦促企業擬定氣象變遷的危機管理策略

金融業界對氣候變遷的關注不只有CSA，另外還有「氣候相關財務揭露」（TCFD，task force on climate-related financial disclosures）。TCFD是國際金融穩定委員會（FSB，Financial Stability Board）因應二十大工業國集團（G20）要求而成立的工作小組。國際金融穩定委員會的總部在瑞士巴塞爾（Basel），是為了預防全球性金融危機成立的國際金融組織。

TCFD工作小組從2015年12月開始運作，要求企業應對投資人揭露資訊，告知因應氣候變遷可能造成的風險、擬採取何種因應措施。TCFD工作小組公布的企業揭露資訊指引方針分為四大項目：①公司治理（governance）、②經營策略（strategy）、③風險管理（risk

---

[1] 譯註：轉型風險是控制地球平均溫度上升時，企業面臨低碳轉型產生的風險。

management）、④指標與目標（metrics and targets）。雖然只有四大項目，但氣候變遷是核心主題。簡單來說，公司治理與董事會的監督、管理階層的評估、決策有關；經營策略應分別以短、中、長期擬定事業發展的營運及財務規畫；風險管理是氣候變遷的危機評估與管理能力；指標與目標是量測、監控與氣候變遷有關的風險與機會，並且設定目標。

　　由於TCFD可讓企業透過四大核心項目的資訊揭露，對氣候變遷可能造成的營運風險預作準備，並且創造新的事業機會，因此在業界受到重視。

▶氣候相關財務揭露（TCFD）概念

公司治理	董事會的監督、管理階層的評估與決策
經營策略	以短、中、長期擬定事業發展的營運及財務規畫
風險管理	氣候變遷的危機評估與管理能力
指標與目標	量測、監控與氣候變遷有關的風險與機會，並且設定目標

　　再次回到原來的問題。氣候變遷成為全球關注的議題，但讓銀行對氣候變遷也非常敏感的根本原因究竟是什麼？原因在於氣候變遷的影響日益嚴重，若金融機構持有的企業資產損失增加，承受的信用風險也會升高，最糟會使金融機構原本健全的體質惡化，因此必須有危機意識，才能做到確實因應。此外，碳中和、《巴黎協定》等全世界積極對抗地球暖化的決心也不可小覷。

銀行密切關注碳中和與巴黎協定，隨時準備因應危機

　　有些產業一邊排放溫室氣體、一邊賺大錢，但在目前強調環保的趨勢之下，先前投資這些產業的銀行，可能因此面臨財務危機。假設碳排放量大的業者向銀行申請大額貸款（借很多錢），如今因為企業經營也必須顧及環境保護，使這些企業的資產價值縮水，這樣會發生什麼事？當申請貸款的業者以營運困難為由，無法及時償還貸款，提供資金的銀行會因為企業的擔保價值減少，面對較大的信用風險。如此一來，銀行的財務健全性變差，便無法繼續借款給企業或個人。

　　保險公司也是一樣。保險公司扮演對意外事故提供經濟性保障的角色，必須擁有足夠資金，才能依照契約支付理賠。假如因為極端天氣造成的不確定性暴增，超過保險公司可承擔的風險程度，保險公司為了維持給付能力，就會承受非常大的壓力。若給付壓力增加，保險公司可能減少販售相關的保險商品，這對有投保需求的企業或個人是一項損失。

　　表面上看來，金融機構與地球暖化雖然沒有直接關係，但金融業與極端天氣其實也有密切關係。

韓國「KTSS」制度對落實環保的企業提供資金補助

　　氣候暖化的影響層面之大，讓金融機構也無法忽視環境議題，於是韓國有「KTSS」系統，對參與溫室氣體減排的「綠色企業」提供資金補助。2023年7月3日韓國的金融監督院（Financial Supervisory Service）宣布研擬KTSS補助方案，欲讓金融機構能依照韓國綠色分類系統（K-Taxonomy）對企業提供貸款。韓國綠色分類系統是環境部（Ministry of Environment）與金融監督院合作擬定的行動方針，作為判斷企業活動是否環保的依據。金融監督院也與KB國民銀行（KB Kookmin Bank）、新韓銀行（Shinhan Bank）、韓亞銀行（Hana Bank）、友利銀行（Woori Bank）、NH農協銀行（NH Bank）等十家金融機構簽署合作備忘錄（MOU），期望聯手肩負起「對抗氣候危機」的使命，共同開發KTSS，引導金融機構透過綠色金融策略使企業減少碳排放、開發潔淨能源。

　　此外，過去的20年內，全球有五十多萬人因為前所未有的烈日、梅雨等極端天氣喪失性命，造成的經濟損失高達3,400兆韓元（約合新台幣80兆元），這也是金融機構必須帶頭解決氣候異常問題的原因。

34 ESG：企業不再唯利是圖，也重視共存與共榮

- 企業透過環境保護、CSR、加強公司治理，落實環境友善經營的必要性增加
- 重視價值與共存的企業才有未來

　　推行環境運動抑制地球暖化的重要性日益增加，現在幾乎所有企業都推動「環境友善的經營管理」，最典型的例子就是「ESG」。ESG是「環境（environmental）、社會（social）、治理（governance）」的英文字首縮寫，意思是企業營運應講究環境保護、承擔社會責任（CSR，corporate social responsibility）、改善公司治理結構（corporate governance），使企業的運作透明，才能奠定永續發展的基礎。

企業身為社會的一分子，加速推動與社會共榮的CSR

　　嚴格來說，要求企業必須對社會有責任感的意識早就抬頭，甚至比ESG更早出現，承擔社會責任（CSR）就是代表。CSR成為一門學問必須歸功於美國經濟學家霍華德・鮑文（Howard Rothmann Bowen），鮑文主張企業雖然追求利潤，但也必須把眼光重新放在CSR。

　　CSR是指同樣身為社會的一分子，企業的決策應該與社會上的利害關係人共榮，重視倫理與責任。因此，CSR被用來檢視企業是否透過各

種志工活動或捐贈，對社會有所貢獻，公司治理是否為黑箱、腐敗的組織運作。公司治理是企業內部的決策系統，包括董事會與監察人的角色及功能、管理階層與股東的關係，可用來評估公司是否為「重視倫理的企業」。

既然如此，最早主張ESG的人是誰呢？是聯合國前祕書長科菲‧安南（Kofi Atta Annan）。安南是第一位擔任聯合國祕書長的非洲裔人士，主張聯合國應解決第三世界嚴重的社會與環境問題。已辭世的安南認為，社會責任與環境污染光靠各國政府與聯合國等國際組織的努力絕對不夠，世界各國的企業與有財力的資本家也必須為了全人類的永續發展而響應。

在安南的努力之下，2004年與來自9個國家的20個金融機構合作，出版了《Who Cares Wins: Connecting Financial Markets to a Changing World》專題報告。報告書的內容提到經濟、金融與投資領域的環境、社會、治理問題，以及解決這些問題的建議事項。報告書的書名暗示大家，企業在全球競爭之中取得勝利固然重要，但是不該忽視社會議題與環境問題。這本報告書成為呼籲企業實施ESG管理的起源。

2006年4月安南在紐約證券交易所（NYSE）與全球主要金融機構共同宣布，實施聯合國「責任投資原則」（PRI，principles for responsible investment），建議投資人應優先投資決策時有考慮社會價值與環境的企業。因此，ESG也成為人類面對氣候危機可採行的方案。

ESG與CSR有什麼差異呢？CSR的重點在志工活動、捐贈、對藝術文化提供贊助，ESG強調企業不應侷限於CSR，也要注重環境保護、公司治理等企業經營的倫理與道德。

除了財務報表與營業績效，社會貢獻與透明管理也很重要

接下來要更詳細探討 ESG。

企業營運必須保護環境、對環境友善的原因，在「氣候情境分析」及「氣候相關財務揭露工作小組」的部分已經提及。所謂的企業營運對環境友善，大致上就是應仔細盤點企業在製造產品的過程是否排出破壞環境的物質、是否努力減少二氧化碳排放。那麼「社會責任」與「公司治理」又是什麼意思呢？

通常評估企業的營運績效會看營收、營業利益等績效指標。這個部分絕對重要，因為企業必須盡量以最低成本製造商品，賣出之後賺取利潤，才能支付員工薪資、繳納政府稅金、維持公司營運。因此，以前「好企業」的定義是產品的品質優良，公司的獲利很高，能發給員工很高的薪水；營運績效是評斷一家公司好壞的主要標準。財務報表可呈現公司的營運狀態，投資人利用公司提供的財務報表決定是否投資。

不過最近評估企業的角度逐漸在改變。企業的財務報表雖然如同呈現企業財務狀況的「健康檢查表」，重要性毋庸置疑，但是大家愈來愈重視企業如何賺錢、如何用錢。雖然不難理解企業為何必須追求利潤，但在賺錢的過程是否破壞環境、是否忽視職業災害的重要性、侵犯勞工人權、是否故意排擠競爭對手進而「獨占市場」，這些也都不被容許。尤其是環境污染造成的地球暖化成為全球關心的議題，現在企業運作必須對環境友善，除了與社會共存共榮、透過 CSR 對社會有所貢獻，在公司治理方面也應該有所進步、使決策程序走向透明，這些就是企業的 ESG 管理。

　　此外，消費者意識抬頭，現在的消費者不是只要看到價錢便宜、品質好的產品就願意買單，還注重生產的業者是不是對環境友善、有承擔社會責任、公司治理是否健全。如果企業有負面消息或道德性爭議，消費者可是會發起抵制運動。以韓國的南陽乳業（Namyang）為例，2013年傳出欺壓代理商的消息，造成公司形象受損，營收大幅衰退。又如思潮產業（Sajo Industries）在2020年依照員工職等設定不同的業績目標，強迫員工推銷產品，被韓國公平交易委員會（Fair Trade Commission）開罰14億韓元（約合新台幣3,500萬元）。

　　由於消費者愈來愈重視企業的運作是否遵守倫理與道德，顧問公司麥肯錫表示，現在若企業忽視ESG管理的重要性，將無法在市場上生存。這個時代要求企業除了賺錢之外，也必須對社會有所貢獻。

繼美國之後，韓國也導入ESG分級制度

　　為了讓企業能落實ESG管理，有不少國際機構帶頭推動，明晟（MSCI，Morgan Stanley Capital International）公布的「MSCI指數」就是一例。明晟是美國投資銀行摩根士丹利的子公司，MSCI指數是投資人欲投資國際基金時的重要參考指標。

　　明晟為了方便投資人參考，對知名企業進行ESG分級並公開資訊，MSCI的等級分為AAA、AA與A級。在韓國也有韓國ESG標準院（KCGS，Korea Institute of Corporate Governance and Sustainability）對企業進行ESG分級。[①] 新登場的ESG評估機構公布企業的ESG管理成效，這些資料現在也會反應在企業的股價（企業價值）上。換句話說，ESG已成為評估企業未來價值的主要指標，這一點毋庸置疑。

　　與ESG有關的投資性資產規模也愈來愈大。德國德意志銀行
（Deutsche Bank）預估，2030年全球ESG投資性資產將增加到130兆美元
（約合新台幣4,100兆元）。這表示全球有95％的投資性資產是投資人審
視企業的ESG管理內容後才決定投資方向。現在企業若想獲得海外資金
投資，採行ESG管理勢在必行。

---

① 譯註：台灣也有台灣指數公司與台北大學商學院企業永續發展中心合作，建構
「SEED台灣永續評鑑」模型，從社會（S）、經濟（E）、環境（E）與揭露（D）四
大構面對上市櫃公司進行評鑑。

35 漂綠：只有外表環保？

- 雖然綠色經營是時代潮流，但「只有外表綠色的企業」愈來愈多
- 消費者只購買環保產品的消費行為愈來愈明顯

2023年7月10日有多家跨國企業接連在瑞士成為被告，原因是「瑞士消費者保護基金會」（Stiftung für Konsumentenschutz）認為美國飲料大廠可口可樂（Coca-Cola）、美國租車業者艾維士（Avis）、瑞士電信業者Swisscom、瑞士熱燃油供應商Kübler Heizöl與瑞士房地產仲介Agent Selly等六家業者違反環境規範。瑞士消費者保護基金會主張，這幾家業者公布的溫室氣體排放數據不完整，資料可信度低，且正在推動的減碳計畫對環境有何影響未獲驗證。瑞士消費者保護基金會點出的「企業溫室氣體排放量」就是碳中和（企業採取措施抵銷或吸收排放的碳，使實際排放的碳量為「零」）的意思（參見「碳中和」章節）。

企業密切注意環境保護政策：《溫室氣體盤查議定書》

下面仔細來看有關瑞士消費者保護基金會提到的企業溫室氣體排放量。

在環境污染方面，企業密切注意的其中一件事情是《溫室氣體盤查議定書》（GHG Protocol），其英文的完整名稱是「GHG Protocol Corporate Standard」。GHG是「溫室氣體」（greenhouse gas）的意思，議

定書是「協約」。《溫室氣體盤查議定書》是國際上最廣泛使用的溫室氣體排放規範，分為「溫室氣體盤查議定書企業會計與報告標準」與「溫室氣體盤查議定書企業減量核算標準」，作為企業排放溫室氣體與減量活動的公開標準。《溫室氣體盤查議定書》是如何產生的呢？

　　1998年世界資源研究院（WRI，World Resources Institute）與世界企業永續發展協會（WBCSD，World Business Council for Sustainable Development）發起「溫室氣體盤查議定書」倡議，聯合各國的非政府組織、政府組織與企業，制定國際性的「溫室氣體排放量計算與報告標準」。因此，溫室氣體的核算與報告方針可說是由這兩個機構制定。世界資源研究院是美國環境領域的非政府機構；世界企業永續發展協會位在瑞士日內瓦，是結合170多個企業的國際機構。

　　《溫室氣體盤查議定書》把二氧化碳等溫室氣體排放量的計算分為三個範疇：範疇一（Scope 1）是直接排放、範疇二（Scope 2）是間接排放、範疇三（Scope 3）是其他間接排放。直接排放是從企業擁有或企業管理的資源直接產生溫室氣體，間接排放是從企業購買的電力（向其他企業購得的電力）產生溫室氣體，其他間接排放是從不屬於業者直接擁有或直接管理的來源產生溫室氣體。

　　瑞士消費者保護基金會對六家業者提告，主要是因為這些業者未依照《溫室氣體盤查議定書》的規範揭露詳細資訊，只以口頭表示已實施對環境友善的企業管理。

狡猾規避對環境友善的經營，漂綠企業層出不窮

　　儘管全世界為了阻止地球暖化持續努力，仍然有不少狡猾的業者

逃避企業經營應有的責任。這種實際上對環境一點都不友善，卻打著愛護地球形象的企業或團體被稱為「漂綠」（green washing）。利用「漂白（塗上白色顏料，遮蓋不為人知的事實）」（whitewash）這個字，把白色改為代表自然環境的「綠色」（green），就成為漂綠一詞。漂綠最早出現在1986年美國紐約州環保運動家傑·韋斯特福（Jay Westerveld）的論文。

韋斯特福在論文中提到，美國有些飯店雖然喊出響應環保，在房間內張貼標示，呼籲入住房客應重複使用毛巾、浴巾，但這些飯店業者自己卻沒有盡力減少能源浪費。換句話說，韋斯特福認為，飯店業者利用強調環境保護的重要性，督促客人重複使用毛巾、浴巾，實際上只是為了對自己有利。

漂綠是「偽環境主義」、「偽環境友善主義」，業者一邊主打對環境友善的誇張廣告，實際上卻繼續破壞環境，因此受到外界批評。我們該如何分辨企業是否只是在漂綠？

分辨漂綠的「七大標準」

隸屬於加拿大認證機構ULC Standards的環境諮詢公司TerraChoice對企業是否漂綠提出七大判斷標準。

(1) 隱瞞事實（hidden trade-off）：企業忽視製造「環保產品」造成的環境破壞，只強調產品本身環保，如同只強調產品對環境的正面影響。

(2) 無憑無據（no proof）：企業雖然宣稱產品環保，卻無法提出證明

依據，未在產品網站或產品標籤註明與環境保護有關的資訊。

(3) 含糊不清（vagueness）：企業未明確定義環保，或以模稜兩可的用詞誤導消費者。

(4) 偽造標籤（worshiping false labels）：企業偽造認證標章，使產品看似已通過第三方認證，欺騙消費者。

(5) 文不對題（irrelevance）：業者在介紹對環境友善的產品時，雖然列舉佐證內容，實際上卻未達環境保護的標準。

(6) 兩害相權取其輕（lesser of two evils）：企業以環境友善介紹特定產品時，故意避談產品會破壞環境的問題。

(7) 謊言欺瞞（fibbing）：產品完全與環保無關，卻以環保產品作為號召大打廣告。

　　企業的漂綠行為相當氾濫，消費者必須用更銳利的眼光與洞察力，仔細判斷商品到底是不是對環境友善。現在有許多「綠色消費者」（greensumer）願意支付更多金錢，只想購買對環境無害的產品，企業必須確實展開對環境友善的經營管理，才能獲得消費者的青睞。

36 永續航空燃料（SAF）：用穀物製造航空燃油的時代

- 跟上全球愛護環境的腳步，航空業也導入環保能源
- 2030年全球SAF市場規模上看157億美元[①]

　　企業推動減碳的環境友善經營成為一種趨勢，現在不符合環保概念的燃料、能源幾乎都會被淘汰。飛機常被貼上「氣候殺手」的標籤，因此飛機的油料，也就是航空燃料也不例外。歐洲環境署（EEA，European Environment Agency）針對交通工具每行駛1公里排放的二氧化碳進行調查，結果顯示噴射客機排放285公克、巴士排放68公克、火車排放14公克。換句話說，飛機的碳排放量是巴士的4倍，是火車的20倍。

歐盟規定，2025年起飛機必須使用SAF

　　下面對永續航空燃料的使用做更進一步討論。若搭火車從英國倫敦到西班牙馬德里（兩地相距約1,735公里，相當於從首爾到釜山的4倍[②]），排放的二氧化碳約43公斤，改搭飛機的二氧化碳排放量約118公

---

① 譯註：約合新台幣4,924億元。
② 譯註：相當於從台北到高雄的5倍。

斤。若以飛機往返美國紐約與英國倫敦，二氧化碳的排放量會高達1,000公斤。1,000公斤的二氧化碳相當於一位中美洲國家尼加拉瓜民眾，一整年的二氧化碳排放量。正因為飛機的二氧化碳排放量遠高於貨車與汽車，而飛機卻載運旅客、貨物往返世界各地，因此出現應該規範飛機碳排放量的聲音。

嚴格說來，飛機的二氧化碳排放量只占全球碳排放量的3.5％，但航空領域的二氧化碳排放量卻占運輸領域的12％。若考慮市場上對航空的需求持續增加，確實有必要對飛機做適當規範。歐盟宣布，2025年起從歐盟起飛的所有飛機必須使用「永續航空燃料」（SAF，sustainable aviation fuel），且SAF的混合比率（整體燃料之中，永續航空燃料占的比例）會逐步提升，2025年為2％，2050年達到63％。國際航空運輸協會（IATA，International Air Transport Association）也決定以永續航空燃料減少二氧化碳排放，目標2050年減少碳排放量65％；國際航空運輸協會在航空業界的地位如同「聯合國大會」（UNGA，United Nations General Assembly）。永續航空燃料是什麼呢？與目前的航空燃料有何不同？混合比率又是什麼？

SAF使用無環境污染爭議的海藻類、甘蔗、玉米

在談SAF之前，先來看看目前的航空燃料是什麼。

航空燃料是使飛機引擎運作的必要燃料，飛機引擎主要可分為兩類，因此航空燃料也能分成兩種。

輕型飛機使用的燃料是航空汽油（AVGAS，aviation gasoline），是在揮發油裡添加其他成分，與汽車使用的汽油結構類似。

用在客機、貨機、戰鬥機的航空燃料是專為渦輪引擎設計的航空煤油（jet fuel），以煤油（kerosene）當作基底。煤油是蒸餾原油時，溫度在攝氏150至280度之間取得的油料，不容易結冰，也有很好的燃燒與發熱特性。

然而不論是航空汽油或航空煤油，兩種都使用了石化燃料，一定都會排放許多二氧化碳，因而讓可控制二氧化碳排放、避免環境遭受破壞的SAF逐漸受歡迎。SAF是以海藻類、廢食用油（無法再使用的食用油）、甘蔗、玉米、動物性或植物性油脂等，幾乎不會污染環境的原料製造成航空燃料。SAF可依照製造方式分類，例如：使穀物或海藻類發酵、抽取動物性或植物性脂肪進行化學加工、電解水再與二氧化碳結合等等。其中，電解水再與二氧化碳結合而成的SAF稱為「電子燃料」（e-fuel）。

儘管SAF不是完全不會排放任何二氧化碳，但SAF從原料取得到使用，過程中排放的二氧化碳比原本的航空燃料最多減少80％，而且還是「直接替換型燃料」（drop-in fuels），意思是能直接用在汽油引擎與煤油引擎，無須針對飛機引擎進行修改。

由於SAF有前述優點，世界各國政府與航空業界逐漸重視SAF。由美國總統拜登領導的政府提供多項補助與稅制優惠，獎勵業者增加SAF生產，期望藉此減少二氧化碳排放，加速推動企業的ESG管理。

韓國的航空公司與煉油業者也表態參與。[3] 2017年11月大韓航空（Korean Air）首次在芝加哥到仁川的航段使用SAF，2022年以SAF行駛巴

---

③ 譯註：2023年5月23日中華航空從新加坡飛往桃園的國際線使用了10％的SAF，2023年5月7日長榮航空在美國南卡羅來納州波音工廠交付的波音787-10新機添加30％的SAF返回桃園。

黎到仁川的國際定期航線，並且預定從2026年起，在亞洲、太平洋、中東航線也使用SAF。HD現代石油（HD Hyundai Oil Bank）正在興建煉油廠，計畫2025年年產50萬公噸生物航空燃料，搶攻SAF市場。

SAF仍屬研發初期，價格高，比原本的航空油料缺乏「經濟效益」

全球SAF的產量非常稀少，2022年底全球航空公司使用SAF的比率僅0.05％。除此之外，SAF的價格是原本航空汽油、航空煤油的3至5倍。以2023年6月1日至12日為例，能源市調機構阿格斯（Argus Media）公布的每公噸SAF價格為2,659.78美元（約合新台幣8萬3,400元），新加坡普氏平均值（MOPS，Mean of Platts Singapore）的航空燃料每公噸價格為710美元（約合新台幣2萬2,300元）；新加坡普氏平均值是一般航空燃料的價格指標。相形之下，SAF的價格幾乎是一般航空燃料的4倍。SAF會如此高價，關鍵在於製造程序比一般石化燃料複雜，且花費時間較長。

SAF價格居高不下的情況如果嚴重，未來可能會造成航空運輸的價格上漲，使業界對SAF的經濟效益抱持懷疑態度。以韓國石油公司S-Oil為例，2022年10月底在一場會議上表示，SAF的價格高出一般航空燃料至少3倍，就算政府願意提供稅率減免，依然沒有經濟效益，直接點出SAF的價格劣勢。因此，若要讓SAF在航空燃料市場發揮影響力，首要目標應是解決價格問題。

所幸SAF在全世界都還屬於研發初期階段。目前SAF仍有製程上的

▶ SAF市場規模預測（2022至2032年）

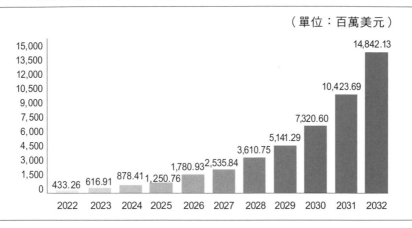

（單位：百萬美元）

資料來源：Precedence Research

技術問題與價格上的負擔，將來若技術進步使生產普及，SAF還是有機會成為航空油料的主要用油。

　　SAF市場前景備受看好。市調機構Precedence Research公布的資料顯示，2023年SAF市場規模約6億1,690萬美元（約合新台幣190億5,000萬元），預估2032年可成長至148億美元（約合新台幣4,642億元）。市調機構MarketsandMarkets則預測，2030年SAF市場規模約157億美元（約合新台幣4,924億元）。

37 廢電池回收再利用：內行人才懂的市場，有無限商機

- 重複使用電池的成分，廢電池市場成另類「都市礦山」
- 2050年全球廢電池回收再利用將成為「龐大市場」，規模上看406億美元[①]

　　最近為了提倡環保、節約資源，有許多產品都在推動回收再利用，無法再使用的電池（battery）——廢電池也不例外。

一次電池 vs. 二次電池的特徵

　　電池通常分為一次電池與二次電池。

　　一次電池如同字面意思，就是使用（放電）一次之後，無法經由充電再次使用（重複使用）的乾電池（dry cell），例如：碳鋅電池、鹼性電池。一次電池主要用在時鐘、遙控器、玩具類的產品上，因為用過就必須丟棄，產生廢電池的比率超過90％。若要製造新的電池，必須使用更多資源。

　　二次電池是使用後可經由充電，重複使用的電池，因為可以充電，

---

① 譯註：約合新台幣14兆1,800億元。

也常被稱為充電電池（rechargeable battery），電動刮鬍刀裡的鎳鎘電池或鎳氫電池就是典型的二次電池。二次電池大約可反覆充電使用500至2,000次，不但具有經濟效益，也是對環境友善的產品。

　　鎳鎘電池雖然價格便宜，卻有記憶效應（memory effect）的缺點。記憶效應是指二次電池內的化學能（電能）若沒使用完畢就又充電，進入二次電池的能量就會減少。舉例來說，已充電的電池只使用50％的電力就進行充電，這時充電會無法充到100％，大約到80％就會停止。

　　鎳氫電池的全名是「鎳金屬氫化合物電池」（nickel metal hydride battery），是改良的鎳鎘電池，以吸附式氫氣合金取代鎳鎘電池負極的鎘金屬，可解決電池的記憶效應，也能避免電池造成重金屬污染，只是鎳氫電池的價格比鎳鎘電池高。

　　在鎳鎘電池與鎳氫電池之後問世的二次電池是鋰離子電池。1991年日本率先讓鋰離子電池商用生產、銷售，2000年代韓國也開始量產鋰離子電池，目前韓國生產的鋰離子電池在二次電池市場的市占率超過60％。鋰離子電池的正極採用氧化鈷鋰，負極使用碳，在正極與負極之間注入有機電解質以進行反覆充放電。當鋰離子從正極出發經過中間的電解質往負極移動，就會產生電能。

　　相對於其他二次電池，鋰離子電池的體積較小、重量較輕，未使用受環境規範的鎘、鉛、汞，也沒有充電容量會減少的記憶效應，因此使用壽命長，也能釋放高容量的電能，常被用在行動電話、筆記型電腦、數位相機或攝影機，甚至於電動車。

　　即便如此，鋰離子電池也不是完全沒問題。鋰若與空氣中的水氣產生反應，容易爆炸，當電解質過熱也可能起火。只是從整體效能來看，鋰離子電池在二次電池之中的可靠度依然較高，所以被使用在電動車

（未來的交通工具）與機器人。市場上有超過半數的電動車都搭載了鋰離子電池。

二次電池內的四大要素，應回收再利用，紓解資源短缺

　　二次電池的內部有四項要素，分別是正極材料、負極材料、電解質與隔離膜，這些要素的組成比率大約是正極材料39％、負極材料18％、隔離膜19％、電解質13％。其他還有包覆正極材料的鋁箔、包覆負極材料的銅箔，這兩項加起來大約占11％。銅箔是把銅製造成像紙一樣薄的形狀，作為電子在電池內部的移動路徑，也可將電池產生的熱排放到電池之外。

　　正極材料製造電池正極（＋），會產生鋰離子，決定電池的容量與輸出功率。

　　負極材料保管由正極材料產生的鋰離子，並且透過釋放鋰離子產生電能。

　　電解質是液體，在電池內部讓鋰離子能迅速穿梭在正極與負極之間。

　　隔離膜是分離二次電池內部正極與負極的薄膜，薄膜上有細小的「孔洞」（pore），限制只能有鋰離子通過。隔離膜在電池內部如同確保正負極不接觸，而且只有鋰離子能通過的檢查哨。假如隔離膜有缺陷，造成正極與負極接觸，後果會引起火災。

　　隨著二次電池的市場需求大增，必須重視由電動車產生的廢電池。韓國環境部預估，2030年韓國每年由電動車產生的廢電池將超過10萬

個，若換算成全球市場，屆時全球每年由電動車產生的廢電池將有414萬個，2040年將有4,636萬個。

二次電池最多可反覆充電使用2,000次，之後被當作廢電池處理。廢電池依照電池的狀況，有可能被重複使用（reuse），或者被回收再利用（recycle）。

重複使用依照字面意思，就是把電池拿來再次使用。電動車電池的平均壽命通常是6到10年，如果年限到了仍繼續使用，儲存能量的容量（充電時的容量）會低於60％。因此當電池的能量效率低落，電動車就必須更換成新的電池，這時被換下的廢電池可作為儲能系統（ESS，energy storage system）、電動車充電站、電動自行車的電池重複使用。儲能系統就是儲存能量的裝置（系統），可事先儲存電力，必要的時候可以供電。那麼回收再利用是什麼意思呢？

回收再利用是在廢電池的充電率低於30％時，把電池分解，分離出內部的鈷、鎳、鋰等物料，對這些物料重複使用。鈷、鎳、鋰可作為電池正極的原料，因此回收的鈷、鎳、鋰可投入電池的正極材料生產。回收再利用又分為前段製程與後段製程。前段製程是把廢電池整個粉碎，使電池變成粉末（black powder）狀態，屬於金屬混合物；後段製程是把粉末溶解之後，從中分離出需要的金屬（原料）。

因電池正極材料的礦物原料不足，廢電池回收再利用的重要性增加

廢電池的回收再利用之所以受到重視，主要是因為作為正極材料的

礦物資源有限。地球的鈷、鎳等礦物蘊藏量有限，但電動車對電池的需求卻不斷增加，造成電池的原物料價格飆漲。

　　國際能源署（IEA，International Energy Agency）預測，2030年全球會有2億4,000萬輛電動車，約是目前車輛總數的10％。因此，製造電動車電池必要的礦物需求自然也是只增不減。在電動車的製造成本中，有大約40％來自於電池，而鋰又是電池正極材料的核心礦物。國際能源署預估，2040年全球的鋰需求量會是2020年的42倍；從2030年起，鋰就會發生明顯的供不應求。有鑑於此，歐盟規定電動車電池必須使用回收再利用的原料，從2030年起，新電池必須有4％的鎳與12％的鈷是來自於回收再利用。

　　還有一點值得注意，用於電動車電池正極材料的原料，目前有很高的比例來自於中國。美國與中國的國際貿易糾紛如同進入了「新冷戰時代」，美國與歐盟為了降低從中國進口物資的依賴，積極推動廢電池回

▶**全球廢電池回收再利用市場規模（2021至2030年）**

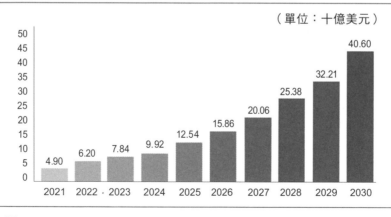

（單位：十億美元）

資料來源：Precedence Research

收再利用。

　　廢電池回收再利用市場的前景備受看好。市調機構Precedence Research的資料顯示，2023年全球廢電池回收再利用市場規模為78億4,000萬美元（約合新台幣2,460億元），2030年可望成長為406億美元（約合新台幣14兆2,740億元），大約增加4倍。

38 可分解塑膠：千年不化的塑膠滾一邊去

- 塑膠的使用量以等比級數快速增加，微塑料也變成問題
- 以甘蔗等穀物作為原料，不會破壞自然，替代性塑膠受重視

　　塑膠（plastic）也是一項人類的偉大發明。塑膠一詞來自於希臘文「plastikos」，表示「容易製造成想要的形狀」。

　　1855年英國化學家暨發明家亞歷山大・帕克斯（Alexander Parkes）發明塑膠，當時的名稱是「帕克辛」（Parkesine），在1856年取得專利。帕克辛是利用「纖維素」（cellulose）與硝酸（溶劑）製成；纖維素是高等植物（higher plants）細胞壁的主成分。簡單來說，帕克辛是利用植物的纖維素加工而得的產物。

美國化學家利奧・貝克蘭，發明人工合成塑膠「電木」

　　塑膠的發展並未就此停止。

　　出身於比利時的美國化學家利奧・貝克蘭（Leo Hendrik Baekeland）在1907年利用苯酚（phenol）樹脂發明人工合成塑膠「電木」（bakelite）；苯酚樹脂由酚類化合物與醛類合成，屬於石油的副產品。電木的材質堅固、重量輕、價格便宜，而且不可燃，加熱與加壓可塑造成各種形狀。電木的發明讓塑膠得以大量生產，使人類從石器時代、青銅器時代、鐵器時代，正式進入名副其實的塑膠時代。塑膠不但用在日常生活用品，

現在也被用在家電產品、建築物、汽車、飛機，對人類生活扮演不可或缺的角色。後人為了感念貝克蘭的貢獻，尊稱貝克蘭為「塑膠工業之父」（The Father of the Plastics Industry）。

塑膠腐爛得等上一百年，2060年人類製造的塑膠恐逾12億公噸

儘管塑膠問世至今才170多年，西元1980年代後期，塑膠已超越鐵器，成為人類日常生活最普遍使用的材料，只是塑膠的產量以等比級數增加，如此快速的發展成為人類新的問題。根據聯合國環境署（UNEP）公布的資料，1950年全球塑膠產量為150萬公噸，2020年已增加到3億6,700萬公噸，在70年內產量增加約244倍。若依照這個趨勢，2060年人類的塑膠產量將達到12億3,100萬公噸。

塑膠雖然方便，卻有幾乎不會腐爛的缺點。農業用透明塑膠布、一次性塑膠產品、塑膠玩具、塑膠餐具等等，人類生活中容易接觸到的聚乙烯塑膠（PE，polyethylene）雖然能被生物分解，但需要至少50年。廚房用塑膠產品、化妝品的塑膠瓶、塑膠水管、塑膠包裝材料、塑膠浴簾、塑膠繩、電線絕緣套管、隔熱材料（阻隔電流、熱通過的材料）、魚網等等，這些高密度聚乙烯塑膠（HDPE，high-density polyethylene）的分解過程更超過100年。

更糟糕的是，塑膠的回收再利用比率只有9％，因此廢棄的塑膠（無法再使用的塑膠）有79％以上是被當作垃圾掩埋，有12％被焚化（火燒）。然而塑膠的主成分是石油，焚燒會產生溫室氣體。全球性環保組織「綠色和平」（Greenpeace）在2021年出刊的報告書中提到，每焚化

▶ **全球塑膠產量預估**

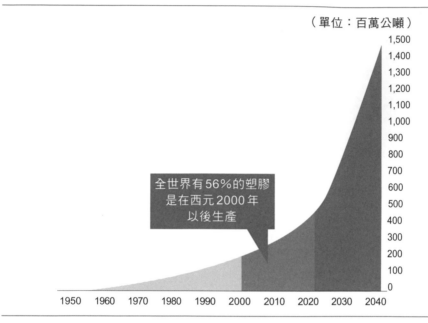

（單位：百萬公噸）

> 全世界有56%的塑膠
> 是在西元2000年
> 以後生產

資料來源：plasticsoupfoundation

1公噸塑膠，平均會排放5公噸的溫室氣體，這絕對會破壞環境。

直徑小於5公釐的微塑料，破壞環境也危害人體健康

微塑料（microplastics）現在也是一項嚴重威脅。

微塑料是直徑小於5公釐的塑膠微粒，在工業研磨劑（用來擦拭表面，使表面光亮的材料）、牙膏、去角質劑、肥皂、化妝品、洗衣精等等許多物品內，都含有微塑料，洗衣服時掉落的合成纖維碎屑也屬於微塑料。由於微塑料的體積非常小，無法在污水處理過程被攔截，會跟著流進溪水、湖泊與大海。微塑料跟著水流排放到大自然後，會被魚類或

海洋生物誤食，人類又捕獲這些魚類當作餐桌食材。在這個食物鏈的過程，微塑料被人類吃下肚，殘留在人體內。微塑料與塑膠有相同的有毒化學成分，容易引起消化不良或器官損害，對人體造成危害。即便只是打開瓶裝水，瓶蓋上的微塑料都可能混入瓶子裡的礦泉水，嚴重性不容忽視。

　　雖然塑膠的問題層出不窮，人類卻無法立即全面停用，因此出現「環保塑膠」的需求，期望環保塑膠能與一般塑膠有相同功能，卻又可以不破壞環境、不危害人體。環保塑膠也稱為「可分解塑膠」（degradable plastic），也就是能被分解、「會腐爛的塑膠」。

「會腐爛的」可分解塑膠，大致上可分為四類

　　「可分解塑膠」大致上可分為四類：①利用光照（紫外線）分解的「光分解塑膠」、②利用微生物進行分解的「生物可分解塑膠」（biodegradable plastic）、③利用甘蔗、玉米、黃豆等植物原料製造的「生物塑膠」（bioplastic）、④在製造過程就做成可分解的「化學合成塑膠」。可分解塑膠分解後會變成小分子化合物，產生二氧化碳與水。在可分解塑膠之中，業界與學界對生物可分解塑膠及生物塑膠的研究最多。

　　代表性的可分解塑膠是「聚己二酸對苯二甲酸丁二醇酯」（PBAT，poly-butylene adipate terephthalate），是一種以石油為原料製造的塑膠，掩埋後能與氧、熱、光、酵素發生反應，六個月內就能分解90％，主要用在農業用塑膠布、工業用塑膠布、宅配的包裝材料等，不容易回收再利用的物品。

　　生物塑膠也是類似。「聚乳酸」（PLA，polylactic acid）是利用玉米、

甘蔗等植物性原料萃取的葡萄糖，加工成乳酸而成，屬於生物塑膠。聚乳酸是環保樹脂，當溫度高於攝氏58度就能與微生物產生反應，在幾個月內分解成水和二氧化碳，是環保產品。

「白色生物」，解決破壞環境及環境污染問題

生物科技依照應用領域可分為：①紅色（red）生物、②綠色（green）生物、③白色（white）生物、④藍色（blue）生物共四大類。紅色生物是醫療、保健；綠色生物是農業、糧食；白色生物是環保與再生能源；藍色生物是海洋與水產領域。「紅色」代表鮮紅色的血液，「綠色」代表綠色植物，「白色」是乾淨，「藍色」代表潔淨的海域。

「白色生物科技」（white biotechnology）像可分解塑膠一樣，利用微生物或酵素，以環保的生物材料取代塑膠類的化學工業材料。可分解塑膠的分解時間大約5年，比需要花上450年才能被分解的寶特瓶更加環保。

世界各國為了發展白色科技，紛紛積極採取行動。歐盟為了達成「2050年碳中和」的目標，宣布禁用一次性塑膠，並且課徵塑膠稅。日本為了達到2050年碳中和，制定「綠色成長策略」發展生物燃料。韓國發表碳中和計畫，目標是2030年減少溫室氣體排放量35％，擬減少塑膠類的廢棄物掩埋，推動生活中的廢棄物回收再利用。

白色生物產業的發展性備受看好。市調機構Adroit Market Research預估，2019年全球白色生物市場規模約2,378億美元（約合當時新台幣7兆4,600億元），年均成長率為10.1％，2028年規模上看5,609億美元（約合新台幣17兆5,900億元）。

| 第4章 |

從未來生活型態
看經濟知識

39 食品科技：當科技遇上食物，更豐盛的食物

- 國際局勢動盪不安，確保糧食穩定供應是「首要之務」
- 食品科技，解決糧食短缺與政局不安的好方法
- 2030年全球服務機器人市場規模上看 1,555 億美元[①]

　　「糧食」很難得像現在這麼受全球重視。由於氣候暖化造成極端天氣，許多地方發生農作物栽種問題，加上俄羅斯與烏克蘭爆發戰爭，更對全球穀物市場造成衝擊。烏克蘭的資源豐富，加上地形平坦，有60％的國土是適合農耕的肥沃黑土，在烏俄戰爭爆發前，小麥、大麥、玉米產量約占全球10％，為全球三大穀倉之一（俄羅斯也是大量生產小麥與肥料的國家）。

烏克蘭與北美大平原、彭巴草原合稱全球三大穀倉

　　從美國延伸到加拿大的北美大平原（Prairie）、阿根廷的「彭巴草原」（Pampas）與烏克蘭合稱全球三大穀倉。北美大平原從加拿大中南部延伸到美國德州，這片遼闊的平原上種植了玉米、小麥、棉花等作物。彭巴草原主要分布在阿根廷首都布宜諾斯艾利斯，有著造物主恩賜

---

① 譯註：約合新台幣 4 兆 8,400 億元。

的自然環境，大量生產小麥等農作物，附近有從玻利維亞延伸到巴拉圭的大廈谷平原（Gran Chaco）、南美洲第二長河 —— 巴拉那河（Parana River），以及世界上最長的山脈 —— 安地斯山脈（Andes）。

▶國際小麥價格動向

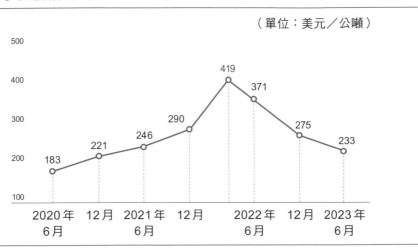

（單位：美元／公噸）

資料來源：芝加哥期貨交易所（COBT）

　　全球糧食市場原本就因為新冠肺炎疫情造成農產品供給減少，價格居高不下，烏俄戰爭又將農產品價格推向另一個高點。芝加哥期貨交易所（COBT，Chicago Board of Trade）是全球最大的期貨交易所，全世界有80至85％的農產品在此進行交易。2023年7月25日芝加哥期貨交易所的國際小麥價格為每英斗7.7725美元，比前一天（7月24日）上漲2.6％，成為2023年2月21日（每英斗7.36美元）以來，最近五個月的最高價。

　　由俄羅斯對烏克蘭出兵的這場戰爭，讓農作物價格飆漲，出現

了「普丁通膨」（Putinflation）的說法。普丁通膨一詞來自於俄羅斯總統「弗拉迪米爾・普丁」（Vladimir Putin）與物價上升的「通貨膨脹」（inflation）二字。

食品科技包括餐飲外送平台、工業機器人與服務機器人、替代肉品、人造肉等

氣候變化、新冠肺炎疫情、烏俄戰爭造成全球糧食價格大幅上漲，「食物通膨」（food+inflation）入侵餐桌，使人類必須重視穩定取得糧食一事，「食品科技」（foodtech）在這樣的背景下登場。食品科技一詞來自於「食品」（food，飲食）與「科技」（technology，技術）二字，是在食品業引進新科技的新興領域，舉凡各種餐飲外送應用程式（App）、工業機器人、服務機器人、替代肉品、人造肉等，都是食品科技的範疇。

利用手機外送應用程式搜尋美食店家、下單訂餐的消費者不斷增加，讓各種餐飲外送平台的人氣水漲船高。目前韓國「前三大」餐飲外送平台[2] 是宅配的民族（Baedal Minjok）、這裡唷（Yogiyo）與酷澎Eats（Coupang Eats），這幾個外送平台在新冠肺炎疫情高峰的2020年前後開始發揮影響力。根據韓國統計廳（Statistics Korea）的資料顯示，2019年爆發新冠肺炎疫情之前，韓國線上餐飲外送市場規模約9兆7,353億韓元（約合當時新台幣2,529億元），2020年增加到17兆3,370億韓元（約合新台幣4,334億元），成長78％；2021年為26兆1,596億韓元（約合新台幣6,200億元），比2020年成長約50％；2022年為26兆5,939億韓元（約

---

[2]　譯註：台灣主要的餐飲外送平台是Foodpanda與Uber Eats。

合新台幣6,300億元），維持小幅成長。餐飲外送市場的規模大幅成長，讓外送平台業者在韓國的食品科技市場站穩一席之地。

在食品科技市場，由機器人取代人員服務的情況愈來愈常見。人口高齡化凸顯人口減少的問題，最低工資上漲、自動化生產等，職場上人力短缺的問題日益嚴重，由機器人在餐廳裡面送餐、在吧台製作咖啡，這些景象不再讓人陌生。機器人除了能在工廠裡取代作業人力，也逐漸深入人類生活，機器人市場規模持續成長。

業界非常看好機器人產業的後續發展。波士頓顧問公司（BCG）的資料顯示，2020年全球機器人市場規模為250億美元（約合新台幣7,700億元），2023年成長為400億美元（約合新台幣1兆2,400億元），2030年上看1,600億至2,600億美元（約合新台幣4兆9,800億至8兆1,000億元）。市調機構Precedence Research預估，2023年機器人咖啡師等服務機器人市場規模約401億美元（約合新台幣1兆2,500億元），2030年可成長至1,555億美元（約合新台幣4兆8,400億元），市場規模約增加3倍。

▶**全球服務機器人市場規模預測（2021至2030年）**

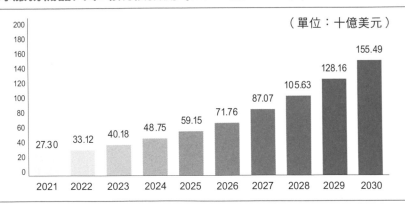

資料來源：Precedence Research

　　替代肉（meat substitutes）也是食品科技發展下的新寵兒。所謂的替代肉是不宰殺動物取得的肉，也就是利用植物性材料製造很像肉類的人造肉，也稱為植物肉（plant meat）。替代肉被認為是重視健康與動物福利（能讓動物不被飢餓與疾病所困、維持快樂生活的政策或設施）的產品，符合環境保護的消費趨勢，逐漸受到重視。

　　除此之外，替代肉也適合只吃蔬菜、水果、海藻等植物性食物的素食主義者（vegan）。全世界的素食主義者持續增加，依照世界動物基金會（World Animal Foundation）公布的資料顯示，2023年8月全球素食主義者約有8,800萬人。韓國的素食人口[③]也從2008年僅15萬人，增加到2022年約有200萬人。

　　雖然素食人口在全球80億人之中僅占1.1％，但健康管理與環境保護的意識抬頭，預估素食主義者的替代肉品市場仍會持續成長。美國經濟媒體彭博社（Bloomberg）預估，2020年全球植物性食品（plant-based food）市場規模約294億美元（約合新台幣9,100億元），2030年將增加到1,620億美元（約合新台幣5兆元），增加至少4倍。

　　2020年全球替代肉市場規模約40億美元（約合新台幣1,240億元），預估2030年上看740億美元（約合新台幣2兆3,000億元），市場規模增加約17倍。韓國的替代肉市場規模2022年約1,930萬美元（約合新台幣6億元），2025年可望增加到2,260萬美元（約合新台幣7億元）。

---

③ 譯註：根據市調業者World of Statistics公布的資料，台灣約有13至14％的人口吃素（約300萬人），僅次於印度與墨西哥，排名全球第三。

新加坡於2020年率先許可人造雞肉生產與銷售

人造肉（cultured meat或in-vitro meat）也是未來可能快速發展的領域。人造肉是利用細胞工程技術，培育牛或豬等家畜細胞製造的肉。簡單來說，就是把家畜的細胞（幹細胞）放進不鏽鋼材質的生物反應器（bioreactor）保存，對細胞供應氧氣與養分，把細胞培養成肉。

2020年新加坡政府宣布允許製造與銷售人造雞肉，成為全球第一個許可人造肉流通的國家。新加坡食品局（SFA，The Singapore Food Agency，如同韓國的食品醫藥安全處④）對美國食品科技新創業者（startup）Eat Just推出的人造雞肉進行檢驗，確認該產品的品質無虞，Eat Just因此能在新加坡知名餐廳「1880」銷售人造雞肉。

人造肉跟替代肉一樣，具有龐大的發展潛力。市調機構科爾尼（Kearney）預估，2040年全球人造肉市場規模為4,500億美元（約合新台幣14兆元），在整體肉類市場占35％。

食品科技市場的發展潛力無限，特別是在全球人口持續增加，飼養家畜造成的環境污染問題逐漸受到重視，科技也日益發展，市場上對食品科技的需求將會愈來愈高。

---

④　譯註：如同台灣的衛生福利部食品藥物管理署。

40 零工經濟：是財富自由，還是不穩定的未來？

- 新冠肺炎大流行、在家工作等職場文化發生變革
- 零工經濟是隨選經濟的產物

　　最近如果觀察全球各大企業，可以發現一股前所未有的新風氣。以大學畢業生為例，現在的畢業生不急著應徵正職工作，反而選擇擔任約聘的臨時人員。約聘人員的薪資與員工福利不如正職員工，公司給予的任用條件較差，即便如此，社會新鮮人仍願意屈就，主要是因為約聘人員可依照自己希望的時間上班，剩餘時間就能自行安排。

放棄正職改當斜槓工作者，N-jober 成新趨勢

　　像這種不把職涯規畫投入單一職場，反而以約聘方式從事各種兼職，就是所謂的斜槓，也就是韓國社會出現的「N-jober」。N-jober的「N」代表兩個以上的複數，在英文單字「job」後面加上代表行為人的字尾「-er」，成為一個新詞彙。簡單來說，N-jober就是「擁有多個職業的人」，利用本業與其他副業賺取生活費，同時也發展自己的休閒生活。由於N-jober的出現，現在有不少人只在上午工作半天，中午下班後改做其他事情。

　　為何會出現N-jober這樣的斜槓工作者呢？以前無法在正職工作獲得足夠月薪的上班族，會以副業兼職賺錢。正職之外另外有副業的人是

N-jober裡的「Two-jober」。最近的勞動市場與以往有許多不同，新冠肺炎疫情讓許多公司允許員工在家上班，也有業主實施每週工作52小時的差勤制度，上班族比以前有更多空閒時間，這些改變讓員工有機會以約聘的方式利用空檔兼職。

其實N-jober是「零工經濟」（gig economy）發展下的自然產物。零工經濟的「gig」原本是由樂團現場演奏人氣音樂、爵士樂，源自於1920年代美國的爵士樂表演，有時候會在現場臨時尋找演奏者。不過gig除了音樂演奏之外，還有另一個意思是「短期或不特定期間的職業」。因此，零工經濟就是企業依照實際人力需求，雇用短期約聘人員、臨時工或自由工作者的經濟；「零工勞動者」就是臨時人員、短期約聘職的從業人員。

整體而言，零工經濟是因為時代快速改變，非正職工作者增加的經濟現象。零工經濟之所以在勞動市場成為話題，主要是勞工不必被綁在公司，可以自由、獨立的工作，特別適合不適應原本職場環境或喜好居家的工作者。

隨選經濟登場，產品與服務依消費者需求而定

不僅如此，零工經濟的出現也與「隨選經濟」（on-demand economy）的發展有關。隨選經濟是業者可即時提供產品或服務，且該產品或服務符合消費者需求的經濟活動。簡單來說，就是產品或服務能依照消費者的需求決定。

面對消費者既挑剔又多變的多樣化需求，只有資通訊技術等新科技能做到快速回應。簡單來說，業者為了掌握消費者想要的商品或服務，

積極採用大數據或人工智慧（AI）技術就是隨選經濟的特徵。業者若有一個採用大數據或AI的系統，持續累積消費者的需求資訊，當消費者一有產品或服務需求，就能立即提供相關產品或服務。因此，隨選經濟具有可利用網路即時回應顧客需求的優勢。

隨選經濟若持續發展，業者可拓展事業領域，零工勞動者也能因此獲得更多工作機會。世界持續不斷地改變，陸續有新的職業增加，認為只有一份工作不夠的N-jober正積極參與零工經濟。

零工經濟雖然讓失業率下降，卻無法帶動工資上漲

即便如此，零工經濟還是存在不少問題。若零工經濟使零工勞動者大量增加，雖然能讓失業率下降，但就業市場卻會因為非正職員工增多，造成雇用的品質降低、薪資上升幅度減緩，無法以經濟學的「菲利浦曲線」（Phillips Curve）說明。菲利浦曲線是由出生於紐西蘭的英國經濟學家威廉・菲利浦（Alban William Housego Phillips）提出，菲利浦認為失業率與工資上漲率呈現負向相關（互相以反方向調整），當失業率下降，工資水準就會上升；當失業率上升，工資水準就會下降。

在零工經濟裡，造成失業率下降但工資未能上升的原因是臨時性雇用增加。先前領取高薪資的嬰兒潮世代（1955至1963年出生的世代）陸續退休，空出的職缺逐漸形成以零工勞動者為主的就業市場，導致工資無法大幅上漲。

零工經濟讓求職競爭變得與以往不同，但零工經濟是隨選經濟的核心，零工經濟的風氣未來還會持續擴散。以美國為例，2023年7月底全職工作者約有1億3,586萬人，零工勞動者約2,752萬人，零工勞動者約

占全職工作者的20％。若以目前零工經濟受歡迎的程度來看，預估2027年美國將有8,560萬名類似自由工作者的約聘人員。

▶零工經濟發展趨勢圖

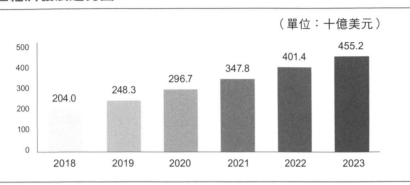

（單位：十億美元）

資料來源：HR Forecast

　　韓國目前情況如何呢？若以現在韓國正處於高物價、高利率且經濟發展趨緩的「停滯性通膨」來看，正職上班族可能認為光靠月薪無法因應生活開支，成為零工勞動者的機率很高。換句話說，零工經濟在韓國的發展速度可能很快。

41 二次消費者：共享的價值高於擁有

- 以永續生活取代追求便利的生活
- MZ世代強調減少浪費等環保與健康的概念

最近的消費行為有個現象，就是出現「二次消費者」（seconsumer），也就是「第二位消費者」的意思。二次消費者一詞取自英文裡「順序為第二」的「second」與「消費者」意思的「consumer」。二次消費者是為了追求永續生活，願意放棄當下的方便性，尋找其他替代方案的消費者。這些人比較關心產品的共享而非擁有。

不僅如此，二次消費者在使用完自己擁有的物品後，會毫不留戀地處分這些物品，轉手變現後，購買更高級的物品。由於這些人一開始就有準備把物品轉手的念頭，通常會連原本的包裝盒都小心保存。二次消費者以較便宜的價格購買商品，日後重新把物品拿到二手交易平台上架的銷售行為，帶動了「轉賣科技」（reselltech）文化。

二次消費者多為追求消費價值認知的 MZ 世代

仔細探討二次消費者會發現，這些人大都是 MZ 世代。二次消費者與 MZ 世代的共通點是都有很強的「消費價值認知」（value conscious consumption）傾向。消費價值認知是購買決策取決於消費者本身的判斷，與廣告或企業品牌形象無關。

這種消費價值認知最近被稱為「發覺意義」（meaning out），是消費者跳脫單純商品購買，以本身明確的價值觀來決定消費行為，由代表「意思、意義、含義」的「meaning」與「從○○之中對外展現」的「coming out」而來。簡單來說，發覺意義是一種社會現象，也是反映自身價值觀的消費行為。

二次消費者與MZ世代的另一項共通點是注重「環境保護」。市調機構20slab在2021年曾針對韓國600名MZ世代進行「MZ世代落實環保與消費趨勢」的調查，結果顯示有88.5％的MZ世代意識到環境問題的嚴重性，71％在面對相同的價格與產品時，會優先選擇對環境保護有貢獻的企業產品。代表全世界在歷經新冠肺炎疫情蹂躪之後，MZ世代愈來愈重視環境議題，以及環境對健康的影響。

二次消費者重視承擔社會責任，鼓勵在地消費，帶動地方經濟

二次消費者與MZ世代的消費活動，都注重產品必須對環境無害、企業經營是否注重良心與道德、是否承擔社會責任（CSR，corporate social responsibility）。若發現特定企業忽視環保問題與社會責任，二次消費者就會認為該企業非良心企業，發起抵制運動拒買。

二次消費者也有偏好在地消費的傾向。在地消費是指消費者購買由居住地區生產的產品或服務，與購買在地食材（local food）有關。在地食材是在消費者居住地半徑50公里內生產的農作物，未經過長途運輸的地方農產品。二次消費者認為，購買在地食材有助於維持生產者的所得穩定，可對地方經濟發展有所貢獻，消費者也能因此吃得更安心，具有

多重好處。

　　另一項二次消費者的特徵是積極參與中古商品交易。以MZ世代為主的二次消費者，不會排斥別人用過的二手物品，熱中於參與二手物品買賣。2023年3月18日韓國二手交易平台「閃電市集」（Bungaejangter）發表的〈未來二手時尚趨勢分析〉（미래 중고 패션 트렌드 분석）指出，參與二手時尚買賣的消費者中，有78％屬於MZ世代；依照年齡區分，35歲以下的消費者占62％，26至35歲占33％，25歲以下約29％，44歲以上約22％，36至43歲約16％。

　　MZ世代以便宜的價格購買商品，對二手物品的交易也積極參與，身體力行實踐對環境友善的消費活動。

二次消費者，高物價壓力下的替代方案

　　高物價是許多MZ世代成為二次消費者的主因。面對物價持續飛漲，認為目前收入不足以因應生活開銷的MZ世代，改以勤儉持家，盡量充實眼前的生活。物價飛漲造成生活費緊縮的殘酷現實，讓這些人把眼光轉移到便宜或別人用過的二手物品上。買二手物品不但能省錢，也能減少製造帶來的環境污染，這個理念與最近強調回收再利用的趨勢不謀而合。

　　由於二次消費者重視二手物品交易，產生「N次新品」的流行。N次新品是指，即便物品已經轉手N次（很多次），依然被看成是全新產品的概念，也就是物品歷經多次二手轉賣，仍被認為是沒有瑕疵的「新產品」。這就是不以高價購買全新出廠的商品，改以便宜價格購買乾淨的二手物品，不但能省錢也保護環境的概念。隨著市場上對

N次新品的需求增加，韓國出現許多二手交易平台，例如：中古王國（Joonggonara）、紅蘿蔔市場（Danggeun Market）、閃電市集等。韓國的二手交易市場規模約有20兆韓元（約合新台幣4,712億元）。

隨著MZ世代的消費模式逐漸轉變為二次消費者，曾經用來形容MZ世代的「YOLO」一詞也成為過去式。YOLO是英文「you only live once」（人生只有一次）的縮寫，嘲諷只注重當下享受，拚命購買奢侈品的消費型態。相對於存錢買房或儲蓄養老，YOLO認為應該立刻提升眼前的生活品質、享受生活、購買精品，投入更多資源發展個人興趣。

二次消費者的二手商品交易延伸到「減少廢棄物」（less waste）的概念。減少廢棄物是指雖然無法做到完美，但會盡可能減少製造垃圾。簡單來說，雖然無法做到「零廢棄物」（zero waste，完全不產生任何垃圾），但能兼顧環境保護與經濟利得。

42 超在地平台：在地化的服務登場

- 英國創新基金會的報告書首次使用超在地一詞
- 不景氣下的消費型態，帶動二手物品交易風氣

最近在零售業界出現一個特殊現象，叫作「超在地」（hyperlocal）。超在地是由「超」（hyper，極度、過多、超過）當作字首，「在地」（local，生活的特定地區）當作字尾結合的新詞彙，也就是「由距離非常近的特定地區，形成客製化的生活圈」。超在地這個字最早出現在2012年英國創新基金會（Nesta）出版的報告書，「超在地平台」則是由超在地衍生而來。

超在地平台，提供在地化服務

超在地平台主要是利用行動裝置應用程式（App），以自己居住的生活圈為基礎，提供各種商業資訊供消費者參考，以及提供在地化的服務。簡單來說，超在地平台透過對消費者提供鄰近生活圈的商圈資訊，讓民眾能進行二手交易。這裡我想考考各位，為何超在地平台最近會大受歡迎？

其實是因為新冠肺炎疫情大流行的關係。新冠肺炎疫情在2020年初爆發，對全球造成嚴重打擊，人類的生活範圍受到限縮，人與人之間也

不如以往常見面、有接觸。這個影響造成工作型態改變，上班族不用進辦公室，可以直接在家裡處理公務，以遠距方式上班。這種減少人際接觸、避免遠距離外出的社會風氣，使超在地平台漸受歡迎。

這些變化在韓國也不例外，使超在地平台突然大受歡迎，紅蘿蔔市場就是一例。紅蘿蔔市場是以「位置」為基礎的「在地C2C二手交易平台」，2015年開始運作。C2C（consumer to consumer，消費者之間）是消費者不經由中介機構，直接利用網路與對方交易的形式。簡單來說，紅蘿蔔市場可視為在相同生活圈裡，與他人買賣二手商品的平台，因此出現「穿著拖鞋去跟其他人交易，或穿著拖鞋到附近商家購物」的生活圈概念，簡稱為「拖鞋捷運站生活圈」。拖鞋捷運站生活圈是結合「拖鞋」與「捷運站生活圈」的說法，代表「距離很近，穿著拖鞋就能去到各種便利設施、娛樂設施的生活圈」。

基於拖鞋捷運站生活圈的概念，超在地化平台期望發展成「資訊交流廣場」，除了對消費者推薦地方上的美食店家、提供徵人與求職等生活資訊，也要促進當地居民有更熱絡的直接交易。即便在疫情肆虐之際，超在地平台也能持續發展、壯大，顯示最近兩三年在韓國興起的「拖鞋捷運站生活圈」有非常大的影響力。

除此之外，再商務（recommerce）產業快速成長，也是助長超在地平台發展的推手。再商務是由有「再一次」意思的英文字首「re」與有交易意思的「commerce」結合而來，代表消費者把自己曾經擁有或使用過的物品重新拿出來買賣。這個詞彙最早是由市調機構Forrester Research的公司代表喬治‧F‧科洛尼（George F. Colony）在2005年2月首次使用。

消費者把擁有或用過的物品拿出來再次交易，「再商務」興盛

「再商務」屬於「逆向商務」（reverse commerce）的一種，涵蓋精品、限定版時尚、包袋等各種物品。逆向商務是利用電子商務交易二手物品，資訊科技公司的發展帶動逆向商務興起。以往利用社交網路平台或網路社團，只有少部分消費者能參與二手物品交易，如今資訊科技公司運用技術，開發出許多可進行再商務的平台，讓更多消費者能輕鬆進行二手物品交易。

由於再商務產業快速興盛，以地方、社區為基礎的網路社團、社交軟體，結合中古商品交易、提供地方資訊交流等功能，形成新的商業模式，誕生超在地平台，並且讓超在地平台快速竄紅。為何別人用過的物品會有這麼熱絡的交易？

首先，必須從經濟面談起。在大家努力擺脫疫情影響的過程，全球經濟又因為 2022 年 2 月俄羅斯入侵烏克蘭的戰爭陷入危機。全球物價大幅飆漲，面臨著的高利率、高物價與高匯率的「三高」問題。美國中部的大平原、阿根廷的彭巴草原與烏克蘭合稱全球三大穀倉，但烏克蘭成為戰區，導致全球穀物價格上漲。俄羅斯身為產油國家，也因為戰爭無法順利生產石油，國際油價開始上漲。國際油價上漲影響種植農作物必要的肥料價格，同時也影響工廠的生產成本、物流運輸成本，影響層面廣泛，造成物價不得不跟著上漲。這些影響讓消費者決定延後消費，或改採最經濟的方式消費，形成「不景氣下的消費」。覺得荷包變薄的消費者於是把眼光轉向再商務。

不僅如此，MZ世代不排斥使用別人的二手商品，也是帶動再商務發展的原因。韓國二手交易平台閃電市集在2023年3月16日公布的資料顯示，最近有二手品牌時尚購買需求的MZ世代快速成長。閃電市集在平台上推出「品牌粉絲」功能，使用者可依照品牌或分類搜尋二手商品，這項功能的使用者有75％是MZ世代。由此可見，相對於其他年齡層，MZ世代更認為購買二手品牌商品屬於「合理的消費」。像這種就算東西已經是二手物品，只要有需要就會積極購買的消費趨勢，可望助長再商務的風氣歷久不衰。

2030年全球超在地市場規模突破46億8,130美元①

超在地平台未來是否能成為有發展潛力的趨勢？

答案是肯定的。超在地平台方便也容易使用，而且有MZ世代作為擁護者，加上還有提供即時資訊、強化生活共同體的優點，未來應會持續發展。市調機構Research and Markets的資料顯示，2022年全球超在地服務市場規模約13億4,470萬美元（約合新台幣421億元），預估2030年可成長至46億8,130萬美元（約合新台幣1,278億元）。

---

① 譯註：約合新台幣185兆6,800億元。

43 液體消費與固體消費：持續打動消費者的心

- 消費文化也像流水，進入無法預測的時代
- 與資訊科技進步、品牌忠誠度降低、產品生命週期縮短、共享經濟發展有關

韓文裡有句諺語是「女人心像蘆葦」，用來形容女人的心意像蘆葦一樣，隨風搖曳，難以捉摸。這句話的由來出自十九世紀義大利歌劇大師朱塞佩・威爾第（Giuseppe Verdi）在1851年的作品《弄臣》（*Rigoletto*），《弄臣》裡膾炙人口的詠歎調〈善變的女人〉（La donna è mobile）有一句歌詞是「女人就像風中的羽毛一樣善變」。據說，韓文就是把這句歌詞裡的羽毛改為「蘆葦」。

不過這句歌詞現在已經沒有說服力，因為善變不是女性才有的特質，尤其是在經濟活動裡，不論男女老少，人人都為了取得自己喜歡的物品而變心，這種「善變」的現象早已見怪不怪。

消費模式不再一成不變，變化多端的「液體消費」興起

消費者的消費模式同樣也很善變，對價格或最新流行非常敏銳，不執著於特定產品或品牌的消費行為屢見不鮮。這種不固定且經常改變的

消費模式稱為「液體消費」（liquid consumption）。與液體消費相對，偏好購買特定產品的消費模式則是「固體消費」（solid consumption），也就是如同固體（solid）一樣被定型，不容易改變的消費型態。

液體消費與固體消費的說法首次出現在2017年3月7日，在一篇由英國貝葉斯商學院（Bayes Business School）經濟學教授芙蘿拉・巴迪（Fleura Bardhi）與賈納・M・艾克哈特（Giana M. Eckhardt）聯合發表的論文。

「液體」（liquid）有「流動」的意思。把消費行為比喻成液體又是什麼意思呢？液體會流動，依照不同狀態改變形狀，結冰的時候變成冰塊，加熱以後變成水蒸氣消失。這種壽命短暫、狀態不穩定也無法預測的液體特性，如同消費者的消費模式，液體消費因而得名。

巴迪與艾克哈特表示，液體消費的靈感是出自於波蘭社會學家齊格蒙・包曼（Zygmunt Bauman）提出的「液態現代性」（liquid modernity）理論。包曼指出，現代社會就像流動的水，缺乏穩定性與擴張性，處於有彈性且迅速變化的過程，批判現代社會過於輕浮且難以預測。

液體消費包含以使用為目的的商業模型

液體消費的另一個核心是「以使用為目的的商業模型」（access-based business model）。以使用為目的的商業模型是指不擁有商品，改以共享或租借的方式使用，概念上與最近受歡迎的「共享經濟」（sharing economy）及「訂閱經濟」（subscription economy）互相呼應。

在共享經濟裡，特定商品不歸單一消費者所有，有很多人一起使用特定商品，才是共享（共有、共同擁有）經濟的型態。簡單來說，就是

「大家分著用」。

　　訂閱經濟則是利用定額（不受期間影響，事先決定使用金額）取得在一定期間內使用某項物品或服務後，支付相對費用的經濟型態。舉例來說，住家或辦公室訂閱報章雜誌、每天早晨固定有牛奶配送、每個月固定日期繳納電信費用，都屬於訂閱經濟的一種。

　　基於定額取得物品或服務的特性，訂閱經濟也常被稱為「訂閱型服務」。嚴格來說，訂閱型服務最早似乎是從租用飲水機、租車等傳統的租賃服務開始。這裡我想考考各位，訂閱服務與租賃服務有何不同？

　　答案是「是否有解約的自由」。租賃必須支付全部商品的購買金額，或者支付違約金才能解約，訂閱則可自由解約。相對於租賃的目的是為了減少產品購置負擔，訂閱主要是對產品有更深入的體驗。若從以使用為目的的商業模型特性來看，消費者在液體消費裡的產品選擇與使用週期勢必會縮短。

液體消費，主要受MZ世代喜愛

　　液體消費比較受哪個階層歡迎呢？答案是MZ世代。相對於其他年齡層，MZ世代偏好共享，不太會成為特定產品或特定品牌的忠實客戶，對產品價格與最新流行趨勢也很敏銳。像這種沒有固定消費模式、難以預測消費行為的現象就稱為液體消費。

　　隨著液體消費成為新的消費趨勢，韓國大企業也因應消費文化改變，推出特別的主打商品，例如：2011年由八道（Paldo）推出，一上架就被搶購一空的「咕咕麵」、2014年海太製菓（Haitai Confectionery and Foods）推出的「蜂蜜奶油洋芋片」、2015年農心（Nongshim）推出的

「秀美洋芋片蜂蜜芥末風味」、2021年好麗友（Orion）推出的「超薄洋芋片」與「甜辣玉米脆片」、2022年SPC三立（SPC Samlip）推出的「寶可夢麵包」、2023年農心推出的「青陽辣椒美乃滋蝦味仙」等泡麵、零食。

不過，就算這些產品上市後，第一個月銷售量就達到幾百萬包，甚至連續幾天賣到缺貨，業者也無法安心。因為特定產品被搶購的「物以稀為貴」，只是MZ世代難以預測的「液體消費」造成，業者無法因此決定是否增加生產設備。萬一業者砸大錢擴充產能之後，產品在市場上的人氣突然銳減、滯銷，這時不但會庫存激增，先前擴充產能的投資也會變成損失。

以海太製菓為例，蜂蜜奶油洋芋片在2014年上市後，第一個月就創造70億韓元（約合當時新台幣2億1,200萬元）的營收，成為零食界的人氣產品。海太製菓欲乘勝追擊，2016年投資360億韓元（約合當時新台幣10億2,900萬元）建設新工廠，讓蜂蜜奶油洋芋片的產能加倍，沒想到市場需求卻開始衰退，每月營收剩下50億韓元（約合當時新台幣1億4,300萬元）。另一家業者八道，2011年推出咕咕麵時，第一年狂賣8,000萬包，吸引韓國養樂多公司（Korea Yakult）投資500億韓元（約合當時新台幣13億5,000萬元），八道因此擴廠增設生產線，但產能提高後咕咕麵的銷售量卻開始下滑，八道甚至得特價銷售才能清空庫存。

未來或許會因為科技發展、產品或品牌忠誠度相對低的MZ世代當道、愈來愈短的產品生命週期、共享經濟與訂閱經濟一般化，液體消費持續深入大家的日常生活。企業若要對抗這樣的時代變化，不能只停留在猜測消費者的需求，必須隨時存在危機意識，開發競爭對手無法跟隨的創新技術。

44 垂直式商務：瞄準特定客群的行銷策略

- 傳統零售業以規模經濟即時回應消費者需求
- 垂直式商務逐漸加入水平式商務的優點

　　談論企業管理經常會使用垂直式（vertical）或水平式（horizontal）的描述，這是在討論企業的組織文化。

　　由上而下的垂直式企業文化是「上面怎麼說，下面就怎麼做（由高層向部下傳達命令）」，大都是威權主義的形式，有組織內部成員缺乏充分溝通的缺點。由於垂直式企業文化依照輩分分階級，某些較權威的人總認為自己的想法或作風是對的，容易被批評是「老古板」，組織氣氛也比較僵硬。

　　改善這種企業文化的方法是採用水平式組織。水平式組織是公司廢除階層、職稱制度，打破組織成員間的藩籬，成員像站在同一條線延伸的水平線上。透過組織文化改變，每位員工都能自由表達意見，形成集體智慧（collective Intelligence，組織成員相互合作與競爭下湧現的智慧），有助於企業與組織發展。

零售業，一家公司幾乎賣所有產品的「水平式商務」

　　最近韓國有許多公司宣布簡化階層、不以職稱當作相互間的稱謂、進行組織結構調整，期望藉此推動創新，顯示由水平式人際關係建立的

組織文化，比垂直式領導更適合目前的企業管理。零售業同樣也受「垂直式」與「水平式」概念影響，不過零售業的垂直式、水平式與企業文化的概念不同。

包括全球最大的電子商務平台亞馬遜在內，多數零售業者不挑種類，銷售各式各樣的商品。這種業者屬於零售業的「水平式企業」，如同銷售一切生活必需品的「大賣場」。水平式企業的正確名稱是「水平式商務」（horizontal commerce）業者。先前零售業界認為，一家公司應該盡可能涵蓋所有產品項目，才能以量制價，達到「規模經濟」（economy of scale），並且快速回應顧客的各種需求。

但是要特定業者銷售幾乎所有種類的產品並不簡單，除了必須雇用更多人員管理貨品，也必須投入資金建置設備。尤其業者面對難以預測的消費者需求，實際上不可能由特定業者讓所有顧客都滿意。對消費者而言，市場上有太多水平式商務業者，雖然購物的通路、選擇性增加，但做選擇時得花費更多精神比較，疲勞程度也跟著增加。

針對特定客群營業的「垂直式商務」

有鑑於此，零售業界有所謂的「垂直式商務」（vertical commerce），只銷售特定產品的營運模式，例如：在購物中心設櫃的「專賣店」。

垂直式商務屬於「品類殺手」（category killer）的一種。品類殺手就是只銷售單一商品的專賣店，大家熟悉的兒童玩具專賣店「玩具反斗城」（Toys "R" Us）就是品類殺手的先驅。品類殺手的特徵是利用只銷售特定系列商品，展現其他業者無法比擬的專業性與完整性。站在消費者的立場，品類殺手是一個具有專業性的平台，讓購買產品的選擇與決策更容易。

　　化妝品與時尚能展現消費者的喜好，這兩種產品以垂直式商務銷售，能比水平式商務更有影響力。垂直式商務針對特定領域進行產品銷售，具有產品種類齊全、可累積專業性、提高專賣店形象的優勢。韓國在生鮮食品領域有「Kurly」、時尚領域有「Musinsa」、「Zigzag」、「29CM」、「W Concept」等網路平台，都是代表性的垂直式商務。這些業者對消費者提供符合TPO（時間〔time〕、場所〔place〕、場合〔occasion〕）的商品建議（收集資訊後依照目的分類、呈現），引導消費者進一步購買，對消費者採取客製化的行銷。

垂直式商務有吸引忠實顧客的「鎖定效果」

　　垂直式商務具有可吸引特定產品忠實客戶的「鎖定效果」（lock-in effect）。鎖定（lock-in）原本是「關在牢房裡」的意思，後來在英國用作「酒館或夜店過了營業時間，把大門關上讓客人繼續留在裡面」，最後演變成讓客人無法到其他地方或無法購買其他商品的意思。

　　垂直式商務依照顧客喜好，對特定商品分類，一方面避免老客戶流失，一方面藉此吸引新客戶。因此垂直式商務特別重視品牌競爭力，除了品質與顧客滿意度之外，打響產品名氣，才能讓對特定品牌具有忠誠度（因品牌而購買）的顧客增加。

　　這裡我想考考各位，垂直式商務會繼續維持原本的銷售模式，還是加入水平式商務的優點進行微調？最近垂直式商務有開始把水平式商務作為標竿的傾向，畢竟垂直式商務涵蓋的產品種類與項目較少，要衝高營業額有一定的限制。加入水平式商務的優點進行微調，可讓專賣店的垂直式商務不失原本的優勢，還能選擇性地擴大銷售事業。

45 厚尾風險：跳脫平均的陷阱

- 雖呼籲應終結平均，但消費模式很難找出平均值
- 「平均主義」時代結束，「個人」時代揭開序幕

汽車線上資訊網Autoblog（www.autoblog.com）在2012年6月21日刊載了一篇很有意思的報導，標題是「什麼顏色的車最容易滴到鳥的排泄物？」（What car colors attract the most bird droppings?），內容是英國汽車零售業者Halfords進行鳥排泄物與車身顏色的關聯性調查結果。Halfords對1,140輛車進行統計，結果發現，最容易滴到鳥排泄物的車是紅色，比率為18％，其次是藍色14％，之後依序是黑色11％、白色7％、灰色3％、綠色1％。鳥類跟人類一樣都能辨色，據說鳥類還能看見人類肉眼不可見的紫外線。既然如此，我們是否能依照Halfords的調查結果認為，鳥類大致上（或平均）喜歡紅車或討厭紅車？有沒有可能只是因為路上的紅色車子最多？或者紅車恰巧都在鳥巢的下方停車？

下面再看另一個例子。部隊在行軍途中必須渡河，指揮官事先得知河水的平均深度約1公尺，下令部隊直接涉水過河。隊員接獲命令開始涉水，不料行經某個位置河流突然變深，導致不會游泳的隊員慘遭滅頂。指揮官後來才知道這條河最深的地方超過2公尺。這個故事告訴我們，如果只看平均數字，可能會造成無法挽回的結果。

必須跳脫眼前的表象，看不見的另一面是「平均的陷阱」

　　平均是所有項目的數值加總之後，除以項目個數得到的數字。在第二個例子之中，河水的平均深度雖然是1公尺，但有些地方只有80公分深，有些地方卻有2公尺深。當身高只有170公分的士兵走到水深2公尺處，當然會發生危險，因此不該用平均值作為判斷依據。

　　談到統計圖表時，經常少不了鐘形曲線。在鐘形曲線中心點（平均值）附近的發生機率最高，離中心點愈遠的發生機率愈小，這就是統計學裡的常態分配（normal distribution）。

　　若用統計學來看，在平均深度為1公尺的河裡，最大深度達2公尺，這個2公尺深度就稱為「離群值或異常值」（outlier），表示數值大幅偏離平均數（mean），應與其他樣本有所區別。統計學裡常與「中位數」（median）一起出現的數字是「眾數」（mode），若再加上離群值，就能掌握完整的曲線變化。

　　中位數在常態分配裡是位在正中間的數值，但不代表中位數就等於平均數。以「1、3、3、6、7、8、9」為例，這幾個數字的中位數是「6」[1]，因為6排在這些數字的正中間。請問這些數字的平均數是多少呢？將這些數字相加之後除以7，得到5.28，5.28就是平均數。眾數也是統計常用的數字，若以「1、2、3、5、5、5、5、7、7、9」為例，這裡出現最多次的數字是5，5就是眾數[2]。

---

[1]　譯註：本例的眾數是3，因為3的出現次數最多（2次）。

[2]　譯註：本例的中位數是5（因為位置正中間第五、第六位都是5，相加÷2＝5）；平均數是4.5。

平均值不是一個必須遵守的標準，大家應該仔細探討平均值背後隱含的意思，如果過分偏重平均的概念，反而會掉入「平均的陷阱」，無法看清楚現實。

為了跳脫平均的陷阱，出現了一種趨勢叫作「終結平均」。如同美國哈佛大學教授陶德・羅斯（Larry Todd Rose）在著作《終結平庸》（*The End of Average: How We Succeed in a World That Values Sameness*）裡提到的概念，平均值只是常態分配裡的一個點，「平均主義」（averagarianism）的時代已經結束，「個體」（individuality）時代來臨。

經濟極端發展、消費減少，平均主義喪失影響力

最近全球經濟出現明顯的極端發展，讓平均主義快速退燒，曾經象徵平均主義的「平價奢華風」（masstige）不再，消費者朝最高價產品與

▶常態分配與厚尾風險比較

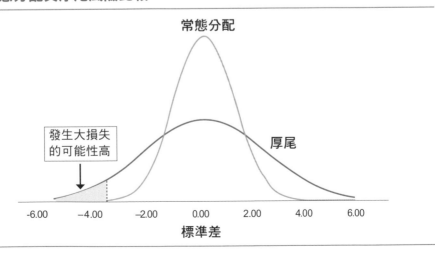

性價比高的廉價商品做「極端消費」。平價奢華風（masstige）是源自大眾（mass）與精品（prestige product）二字的新詞彙，意指中產階級也能輕易購入的低價位名牌。另一個削弱平均影響力的因素是「厚尾風險」（fat tail risk）。厚尾風險是隱藏在「厚厚的（fat）尾巴（tail）裡的風險（risk）」，這是什麼意思呢？

　　常態分配曲線通常以平均值為中心呈現鐘形，中間部分較胖，左右兩邊屬於曲線尾端的部分較薄，代表與平均值的差異較大，這種極端、異常現象的發生機率不高。假如曲線尾端的部分變厚，會有什麼問題？這代表發生異常現象的機率增加，也就是所謂的厚尾風險。

「厚尾風險」與「長尾理論」，「尾巴之亂」入侵日常生活

　　「尾巴之亂」不僅如此。各位是否聽過長尾效應？所謂的長尾（long tail）是指「長長的尾巴」或「尾巴變長」，這又是什麼意思呢？

　　長尾是美國《連線》（Wired）雜誌總編輯克里斯・安德森（Chris Anderson）率先提出的概念。長尾理論簡單來說，就是一件事情除了注意比較顯著的頭部之外，也必須留意尾巴的影響力，因為尾巴很容易被忽略。根據亞馬遜網路書店的統計結果，在亞馬遜網路書店裡，有80％的書是一年賣不了幾本的冷門書，但賣出這些書的營收合計卻高於20％的暢銷書，長尾理論由此而來。行銷上大家熟悉的帕雷托法則（Pareto Principle）主張，20％的暢銷商品可為企業帶來80％的營收，長尾理論正好與帕雷托法則相反，因此長尾理論也被稱為「反帕雷托法則」。

　　如同恐龍尾巴的長度占總身長很大的比例，若能鎖定消費者有興趣的部分，就能成為提高營收的動力。厚尾風險與長尾理論在市場上愈來愈有說服力，企業應跳脫平均的陷阱，對多變的顧客喜好有更敏銳的直覺，提供消費者更多樣化的選擇。

46 氣候高檔化：氣候變化改變房地產風水

- 經濟上的「仕紳化」衍生出氣候高檔化
- 保障低所得層居住安定的重要性不亞於對抗地球暖化

　　韓國有經理團路（Gyeongnidan-gil）、望理團路（Mangridan-gil）、松理團路（Songridan-gil）等多條以「○理團」命名的路，是最近社交媒體上的熱門打卡地點。在這些○理團路之中，最有名的是經理團路，位在首爾市龍山區梨泰院洞[①]，鄰近南山與首爾君悅酒店（Grand Hyatt Seoul）一代，這個區域曾經是梨泰院美軍基地與龍山美軍基地的外圍住宅區（bed town）。在英文裡，bed town是大都市附近以住宅區為主的小城市，白天到都市工作的人，夜晚回來居住在此。韓戰之後，以梨泰院市場為中心的經理團路住了許多生意人，銷售來自美軍基地的物品。這些人蓋一般住宅或透天樓房，出租給美軍或外國人，靠收取月租過日子。不過美軍基地早已遷移，這裡現在已經很難再看到美軍的蹤跡，取而代之的是咖啡店、連鎖速食店等商家林立，成為20至30歲年輕人聚會的去處。

　　像這種原本發展較緩慢的地區，某一天突然變成熱門景點，從地方發展的層面來看，相當值得肯定，因為觀光客能帶動地方發展，地方上

---

① 譯註：洞是韓國的行政區單位，相當於台灣的里。

的經濟也能跟著繁榮。只是這種一夕之間的轉變，會讓原本承租店面的商家或租客措手不及。因為地方發展會帶動租金上漲，承租人必須支付更高的租金，萬一無力負擔，原本的居民就只能搬遷到其他地區。

落後地區脫胎換骨，原居民遭驅趕的「仕紳化」

這種因為落後地區開發之後，原本居民被迫遷往其他地區的現象稱為仕紳化（gentrification）。仕紳（gentrify）帶有「特定地區或特定人士變高級」的意思，因此仕紳化也叫作「貴族化」。歷史學者認為，仕紳化的來源應追溯到古羅馬時代。西元三世紀，在古羅馬與其殖民地不列顛尼亞（現在的英國）曾有小商店變成豪宅，據說這是仕紳化的起源。

二十世紀之後，最具代表性的仕紳化案例是英國社會學家盧斯・格拉斯（Ruth Glass）提到的1964年伊斯林頓自治市（Islington）。伊斯林頓位在倫敦東邊，是倫敦周圍落後的住宅區之一，該地區後來成為中產階級的居住地，吸引住在其他地方的中產階級舉家遷入，造成原本住在伊斯林頓的低所得階層被迫搬離。

在這個例子中，仕紳化造成原本的居民無法負擔突然上漲的居住成本，只能被迫離開家園，帶有負面意義，因此仕紳化也有「被迫離鄉」的意思。

最近出現了「旅遊化」（touristification）的新詞，取自「觀光客」（tourist）與「仕紳化」（gentrification）二字，代表住宅區變成觀光景點，導致原本的居民遷移至他處。旅遊化現象實際發生在韓國首爾市鐘路區的梨花洞壁畫村[②]與北村韓屋村[③]。

地球暖化造成海平面上升，「氣候高檔化」問題嚴重

　　除了房地產開發與建設成觀光景點會造成仕紳化，仕紳化還有其他成因，例如最近經常發生的極端天氣。極端天氣造成的仕紳化現象發生在美國佛羅里達州的邁阿密海灘與小海地（Little Haiti）。

　　邁阿密海灘以空氣清新、風景優美聞名，是拉丁歌手夏奇拉（Shakira）、演員珍妮佛‧羅培茲（Jennifer Lopez）等許多名人的度假勝地，但科學家認為，邁阿密海灘有很高的機率會受海平面（海水的表面）上升影響。美國憂思科學家聯盟（The Union of Concerned Scientists）預估，由於海平面上升，2045年邁阿密海灘恐怕有1萬2,000戶住家會被海水淹沒。

　　地球暖化造成北極與南極的冰河持續融化，若冰河消失，將使太陽光的折射減少，輻射熱無法傳送到太空，且冰河減少會使海洋面積增加，海洋會吸收輻射熱，造成海水溫度上升。水溫上升會使海水的密度降低、體積膨脹，最後導致海平面上升。

　　小海地是低度開發地區，有許多來自中美洲國家海地的難民，平時鮮少有外界注意。小海地的位置距離邁阿密海灘有12公里遠，高度（距離地表的高度）約是邁阿密平均的1.5倍，就算海平面上升淹沒邁阿密的村莊，小海地也不會受到影響。這種地理上的優勢逐漸讓小海地成為關注焦點，原本住在邁阿密海灘的有錢人開始往小海地搬遷，小海地在

②　譯註：梨花洞壁畫村位在首爾市駱山公園附近，2006年由韓國政府推行公共藝術計畫，在建築物與街道進行彩繪，環境優美吸引大批觀光客前往。

③　譯註：北村韓屋村鄰近景福宮、昌德宮、宗廟等首爾市區的古宮殿，以韓國傳統建築物、可體驗韓國特色傳統聞名，2009年榮獲聯合國教科文組織亞太文化遺產獎的傑出項目獎。

富裕階層大舉進入之後，房屋租金三級跳，迫使原本的居民必須搬走。簡單來說，氣候變化引起海平面上升、淹水問題，促使居住在海邊的有錢人往內陸高處遷移，趕走了當地原本的居民，發生「氣候高檔化」（climate gentrification）的現象。

▶ **地球暖化造成海平面上升，海邊出現仕紳化現象**

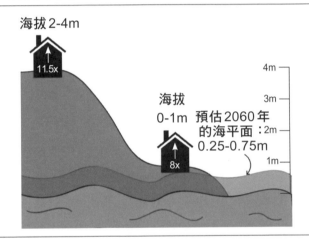

資料來源：哈佛大學

　　氣候高檔化的問題不只影響小海地。地球暖化造成海平面上升，颶風的威力愈來愈強，陸地遭受海水侵襲的情況會愈來愈嚴重。專門研究氣候變化的美國非營利組織「氣候中心」（Climate Central）提出警告，若地球溫度的上升幅度超過攝氏3度，全世界將有超過50個城市被海水淹沒，包括澳洲雪梨與中國上海。氣候中心用虛擬影像模擬地球平均氣溫比工業化前高攝氏3度時的淹水景象，並且利用主要城市的地理高度與人口資料，分析海平面上升造成的災害。

　　前面提到仕紳化帶來的負面影響該如何解決呢？韓國政府為了解決都市開發造成的仕紳化問題，研擬出三項政策：強化商圈店面租賃保護法、公有商圈應落實商家保護、實施雙贏合作制度。除了利用這些措施保障承租人的生活穩定，國會也會進行修法，避免店面租金上漲，盡量減少承租人可能遭遇的損害。但是除了租金之外，仕紳化現在也對氣候變化方面造成影響，政府也應該對此擬定對策，確實保障民眾的生活。

47 CMO vs. CDMO：少量多樣生產時代的最佳解

- 由分工發展出外包，提高業務效率與生產力
- 2023年全球CDMO市場規模可望突破195億美元[①]

　　「經濟學之父」亞當・斯密（Adam Smith）在1776年3月9日出版的《國富論》（*The Wealth of Nations*）提到分工（division of labor）的重要性。分工是指生產過程由許多人一起分攤工作。亞當・斯密認為，利用分工讓每個人只負責一項製程，會比一個人包辦所有製程的生產速度快，也能提高工作的專業性，使每人生產力大幅提升。

　　為了說明分工的重要性，亞當・斯密以別針工廠舉例說明。假設在一家別針工廠有10位作業員，當這10個人各自製造別針，每人每天最多只能製造出20枚別針。若把別針的製造程序分成20個階段，使任務細分，這10名作業員每天共可製造出4萬8,000枚別針。這個例子說明不要把一整件事情交給一個人做，如果依照不同領域的專業分工合作，不但能縮短時間，也能簡化處理過程，得到超乎預期的效果。換句話說，分工會比一人獨攬工作更有效率。

---

① 譯註：約合新台幣6,121億元。

外包有四項優點能提高工作效率與生產力

　　明白分工優點的企業，利用分工，在先進領域找到提高工作效率與生產力的辦法，產生所謂的「外包」（outsourcing）。外包是指企業把業務的一部分或整個流程委託給第三者處理，通常用來極大化營運效率。外包大致上有四項優點。

　　首先，外包可節省成本。企業若把業務委外給其他公司處理，就無須購置、擁有生產設施，不但節省生產成本，還能提高生產力。

　　第二，可獲得專業性。藉由與各領域具有專業知識、技術的業者合作，不論是產品研發、製造、銷售等各種作業，都能進行得更有效率，還能提高產品品質。

　　第三，可專注於核心業務。企業將非核心業務外包給其他業者處理，能把更多時間和資源用來發展核心能量。

　　第四，能以更有彈性的方式迅速回應市場變化。

　　分工與外包的概念雖然不一樣，但我們可以把分工看成是外包的起始點。分工的特徵是組織或系統內的任務專業化，通常企業在提供產品、服務初期，所有生產或加工會由內部自行處理。如果把複雜的事情或任務細分成多個專業化領域，不同的領域交給不同的人負責，藉此讓每個人專注在自己負責的領域，就可提高工作效率與生產力。在工業化與全球化之下，降低成本與具有專業性的重要性增加，企業除了維持自主生產力之外，也開始採取外包策略，把特定任務委託給外部業者負責。

　　外包如同前面說明，是把特定的任務或製程交給（把責任交付於別人）外部企業或其他公司處理，對象可以是國內企業或外國企業，甚至可以兩者並行。外包的方向大致有二：把不屬於公司核心業務的領域交

給外部負責，或者把任務交給外部專門企業，達到節省成本與提高效率的目的。換句話說，企業把非核心領域交給擁有專業的外部專業人士負責，本身就能把能量集中放在核心領域，讓公司的生產力發揮到極致。

生物製藥業界利用外包的特性發展CMO與CDMO

外包策略目前較常用在製造業的生產製造，但生物製藥領域最近也開始有外包，委託製造廠（CMO）與委託開發製造廠（CDMO）就是典型代表。

CMO（contract manufacturing organization）是製造業者接受其他業者的委託進行生產，也就是專門負責代工生產的工廠。自有產能低或追求營運效率的生物製藥業者若採取CMO策略，可省下興建工廠的設備投資，也能降低生產成本。

當CMO利用原本的優點再加入「研發」（development）功能，就成為藥品委託開發暨製造廠（CDMO）。CDMO（contract development & manufacturing organization）比CMO高一個等級，從研發階段開始，包括臨床實驗與製造，所有流程都能進行。在與細胞、基因治療有關的藥品之中，業界有超過半數都是以CDMO的方式生產。CDMO是如何進行呢？

通常新成立的製藥公司必須尋找可作為藥品的候選物質，利用候選物質進行臨床實驗，才決定是否把該物質製造成藥品，代替製藥公司從事這項任務的業者就是CDMO。CDMO可代為尋找藥品的候選物質，連同之後的製造，包辦一切項目，如此一來，新成立的製藥公司就不必自己籌建生產設施。三星生物製藥（Samsung Biologics）是韓國代表性的

▶全球CDMO市場規模預測（2022至2032年）

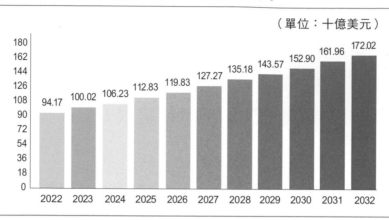

（單位：十億美元）

資料來源：Precedence Research

CDMO公司，專門與韓國生醫新創企業簽署CDMO合約，從生醫藥品研發階段開始代工。

由於先進生物製藥技術陸續問世，生活中也不斷有各種傳染病發生，加上人口高齡化成為嚴重的社會問題，業界非常看好CDMO的發展性。全球市場因新冠肺炎疫情、各國步入高齡化社會等因素，對生醫藥品的需求增加，使生物製藥業界愈來愈倚重擁有專業技術的CDMO。依照韓國生物工程研究院（Korea Research Institute of Bioscience & Biotechnology）生物工程政策研究中心（Biotech Policy Research Center）公布的資料，2017年全球CDMO市場規模約93億美元（約合當時新台幣2,919億元），2023年增加為195億美元（約合新台幣6,121億元）。

新疾病的出現、客製化的產品需求，讓生物製藥產業進入少量多樣生產時代。特定製藥業者要兼具所有領域的專業幾乎已不太可能，未來CDMO的影響力將持續增加。

48 八旬銀髮族：人生八十才開始

- 退而不休的「不退族」，八旬銀髮族登場改變業界生態
- 八旬銀髮族回歸職場傳授經驗，彌補人力荒，好評不斷

以前的人認為，要活到60歲是一項挑戰，因為當時有營養不良的問題，而且治療疾病的藥物也不多，如果村莊裡有人活到60歲（花甲之年），就能讓全村的人歡欣鼓舞、設宴慶祝。然而時代改變，現在愈來愈接近「百歲時代」，有「人生七十才開始」的說法，顯示就算年過六十或七十，體力充沛的人依然很多。

依照這樣看來，以後可能不適合再稱呼年滿70歲的人為「古稀」。古稀是指「自古以來（從以前開始）很稀有的年紀」，源自於唐朝詩人杜甫的〈曲江〉：「酒債尋常行處有，人生七十古來稀。」其中，人生七十古來稀的意思是「人能活到70歲，自古以來就是非常稀有的事情」。不過現在社會已經有高齡化的趨勢，70歲老人走在路上一點也不稀奇。現代人就算到了花甲或古稀的年紀，去到銀髮族活動中心，可能還算是年輕的一群。

平均壽命上升，八旬銀髮族漸受重視

2022年底韓國女性的平均壽命（新生兒未來可能生存的平均壽命期

望值）是86.6歲，男性是80.6歲，總平均為83.6歲。[①] 依照聯合國對高齡化的定義，65歲以上人口若超過總人口7％，就屬於高齡化社會，超過14％為高齡社會，超過20％屬於超高齡社會。英國、德國、法國等歐洲先進國家早在1970年代已經是高齡社會，日本在1994年也進入高齡社會，2005年甚至進入超高齡社會。韓國也不例外，依照統計廳公布的資料，2000年韓國已進入高齡化社會（65歲人口約7.2％），2018年進入高齡社會（14.3％），預估2025年就會進入超高齡社會（20.6％）。[②] 換句話說，2025年韓國將成為每五個人之中就有一位是老人的國家。

現在全世界已進入年過八十依然還很有活動力的時代，「八旬」高齡依然能有經濟貢獻，為「八旬銀髮族」（octogenarian）時代揭開序幕。八旬銀髮族是指「80至89歲的老年人」，「octo」是拉丁文的數字「8」，「generian」是世代的意思。

人類的平均壽命愈來愈長，必須歸功於醫學發達與飲食生活改善，可供應人類生活必要的營養攝取。如果是以前，人就算活到80歲可能也是病魔纏身，但是現在，人類到80歲依然能維持很不錯的體力與精神，甚至參與勞動。

退而不休，八旬銀髮族參與經濟活動

退而不休的八旬「不退族」已經成為全球趨勢。根據美國經濟新聞

---

① 譯註：依照內政部公布的資料，台灣的平均壽命為79.84歲，男性為76.63歲，女性為83.28歲。
② 譯註：台灣在1993年進入高齡化社會（65歲人口約7.1％），2018年進入高齡社會（14.6％），預估2025年就會進入超高齡社會（20.0％）。

《華爾街日報》報導，1980年代美國職場上的八旬銀髮族大約只有11萬多人，2022年有69萬人，在40多年之間增加超過5倍；日本75歲以上的老年人之中，2022年就業率約11％，比2017年9％增加2個百分點。

　　韓國的情況也是類似，65至79歲的老人之中，有超過一半的人還在工作，且參與勞動的銀髮族愈來愈多。1982年韓國職場雇用80歲員工的比率僅2.2％，2022年增加到18.7％，40年之間增加8倍。現在在韓國職場上看到「80歲的員工」再稀鬆平常不過。

　　未來回歸職場的八旬銀髮族應該還會增加。世界衛生組織（WHO，World Health Organization）表示，2023年全球人口超過80億人，其中80歲以上的高齡人口約占2％，約有1億6,000萬人。若以目前高齡化的趨勢推測，2053年80歲以上的高齡人口將超過5億人，占全球總人口5.1％。因此，不難想像未來八旬銀髮族對經濟活動仍有貢獻的景象。

　　有些企業已經開始任用八旬銀髮族。根據美國勞工統計局（U.S. Bureau of Labor Statistics）的資料顯示，2002年75歲以上從事經濟活動的美國人約46萬4,000人，2022年增加到144萬5,000人，約是20年前的3倍。在最長壽的國家日本（平均壽命84.3歲）也有許多八旬銀髮族積極參與經濟活動。依照日本總務省（Ministry of Internal Affairs and Communications）公布的資料，2012年75歲以上的日本人就業率約8.4％，2022年為11％，增加2.6個百分點。韓國的情況也是類似，依照韓國勞動研究院（Korea Labor Institute）統計的資料，1982年80歲以上的雇用率約2.2％，2022年為18.7％，每十年約增加3個百分點。這代表韓國80歲以上的人口之中，每五名就有一名還在工作。[③]

八旬銀髮族從事年輕人排斥的工作，振興內需市場，增進經濟發展

　　這裡我想考考大家，一位80歲的老人家能為企業、社會或國家有什麼貢獻？

　　第一是「知識傳承」。80歲的長者在職場上有幾十年的工作經驗，累積深厚的專業知識，可將本身的專業知識與經驗傳承給年輕一代，有助於提高工作上的生產力，這些知識經驗也能作為企業制定創新策略時的參考依據。

　　第二是從事年輕一輩排斥的任務項目，在欠缺人手的工作領域彌補勞動力不足的缺工問題。

　　第三是改善內需經濟。80歲的人工作能獲得薪資，若以這些所得參與消費活動，有助於增加產品的銷售量，促進市場交易熱絡，也能為國家帶來稅收。

　　八旬銀髮族參與勞動對醫療領域也有正面效果。醫療業界可針對這些年紀大的長者開發新藥與保健服務，有助於增加獲利。

　　八旬銀髮族參與勞動可改變一般人對高齡層的刻板印象，也可讓企業修改屆齡退休的制度，增加高齡人口對企業與國家有經濟貢獻的機會。

　　雖然有些人認為，年長者重返職場會使年輕人的就業機會減少，但目前看來，年輕人與年長者從事的工作沒有太多重疊或取代，年長者的投入反而能為職場上年輕一輩帶來必要的觀察力，也能從事年輕人排斥

---

③　譯註：根據行政院主計處統計，2002年台灣65歲以上的勞動參與率為7.79％，2012年為8.10％，2022年為9.62％。

的工作，對就業市場是件好事。

　　在80歲以上還從事勞動的年長者中，難免有部分是因為生活上的金錢壓力不得不投入勞動，但是高齡者還願意以自己的勞力取得成就感，相信自己能對職場、社會有貢獻，這一點非常重要。這種為了對自己精神面有所刺激，不願意放棄勞動的態度絕對不能忽視。在全世界逐漸步向高齡化之際，八旬銀髮族可成為幫助國家經濟發展的動力。若八旬銀髮族能好好維持健康，持續投入社會活動，或許超過100歲的「百歲人瑞」（centenarian）時代真有機會來臨。

49 嬰兒潮購物者：低生育率、低成長時代的可靠救兵

- 購買力高、顧客忠誠度也高，嬰兒潮世代的經濟活動吸睛
- 鎖定年輕客群的商家湧現嬰兒潮世代購物者，消費文化改變

　　全世界在現代化的過程之中，有一個年齡層非常受到重視，就是「嬰兒潮世代」（baby boomer generation），在英文裡稱為「baby boomers」或「boomers」。嬰兒潮世代是指第二次世界大戰（1939至1945年）結束後，在1946至1964年（美國是1946至1965年）之間出生的人，這些人目前的年齡大約是60至77歲。世界大戰期間被迫分離的夫妻在戰後重逢、有婚約的年輕人終成眷屬，許多新生命因此誕生，所以稱為嬰兒潮。以美國為例，1940年代人口約1億3,000萬人，但在1940至1950年代，人口增加約2,820萬人，短短十多年就增加約3,000萬人，展現了嬰兒潮的威力。

　　韓國的嬰兒潮世代是韓戰之後，在1955至1963年之間出生的人，日本的嬰兒潮則是1947至1949年出生。雖然各國的嬰兒潮世代年齡有些許差異，但嬰兒潮世代都是在世界大戰過後，經濟不再蕭條，社會、經濟逐漸走向安定繁榮之際出生的人。[1]

---

① 譯註：根據內政部統計，台灣曾有兩波嬰兒潮，分別是1958至1966年（民國47年次到55年次）與1976至1982年（民國65年次到71年次）。

60至77歲嬰兒潮，雖然退休，依然對經濟發展有貢獻

嬰兒潮一詞是何時出現的呢？美國維吉尼亞州《每日新聞》（*Daily Press*）記者萊斯里・J・納森（Leslie J. Nason）在1963年1月某篇報導曾寫出「隨著最年長的嬰兒潮世代成年，大學的入學人數將會激增」，首次提到嬰兒潮世代。

嬰兒潮世代與歷經戰爭的世代相比，生活過得相對富裕、教育水準高，順勢成為帶動經濟發展的核心。嬰兒潮世代經歷過社會運動，加上科技發展與1980至1990年代的經濟成長，曾經是消費活動的主要角色。但隨著時光流逝帶來的世代交替，有許多嬰兒潮已經退休，現在的經濟活動主要由MZ世代等年輕一輩扛起。

到這裡想問問大家，如果韓國的嬰兒潮世代離開韓國的社會與經濟舞台，這些人的消費會大幅減少嗎？答案是「不會」。韓國的零售業界雖然主要瞄準社會、經濟活動旺盛的2030世代[2]或MZ世代，但零售業者因應高齡化的時代來臨，也針對「嬰兒潮世代購物者」（boomer shoppers）展開行銷。

嬰兒潮世代購物者是什麼意思呢？嬰兒潮世代購物者是從嬰兒潮（1955至1963年出生）世代與購物者而來，代表「5060世代[3]消費者」的意思。嬰兒潮世代先前已從事過幾十年的經濟活動，現在有很高的購買力，也有很高的「顧客忠誠度」（customer loyalty），只要曾經對特定產品或服務覺得滿意，通常不會隨意變心。嬰兒潮世代購物者與最近年輕

---

② 譯註：MZ世代的人現在年齡大約是20至39歲，因此也稱為2030世代。
③ 譯註：出生在1950至1960年代的人。

世代消費者的差異在於，嬰兒潮世代購物者有雄厚的經濟能力，在全世界都是有最多消費與支出的「大客戶」，主導著家電產品、食材、生活用品、時尚等各領域的交易。

嬰兒潮世代購物者，在疫情產生的新文化下著眼電子商務交易

嬰兒潮世代購物者對智慧型手機、電腦等數位產品的使用並不熟悉，與2030世代或MZ世代相比，無法熟稔操作數位產品是一大遺憾。因此嬰兒潮世代購物者偏好直接前往商家選購，而非利用網路購物。

不過這個現象正在逐漸改變。新冠肺炎疫情從2020年1月至2023年5月橫掃全球，在這三年半之間，不接觸、不碰面的文化成為主流，促使嬰兒潮世代購物者向MZ世代的子女學習如何網路購物。因為有嬰兒潮世代購物者的參與，韓國線上購物對整體消費者的滲透率（曾經使用線上市場一次以上的消費者比率）激增，2019年為29％，2022年增加到36％。隨著嬰兒潮世代購物者逐漸熟悉行動裝置與網路環境，現在也是線上購物、線上影音收看（OTT）等數位平台的主要消費者。

嬰兒潮世代購物者對最新流行也很敏銳，在許多原本鎖定MZ世代為主要客群的美食餐廳、咖啡店、服飾店等人氣商家，現在也時常可見口袋很深的嬰兒潮世代購物者的足跡。因此，這些曾經以「MZ世代的遊樂場」享有知名度的商家，紛紛祭出行銷策略，欲吸引嬰兒潮世代購物者上門消費。

以前如果講到老年人，通常會有體弱多病等先入為主的成見。但

隨著醫學進步與經濟發展帶來的膳食生活改善，人類的平均壽命持續延長，即便退休也健康生活的人數不斷增加。因為這個現象，韓國出現「YOLD」世代的說法，表示「年輕的老人」（young old）。YOLD指65歲以上79歲以下的年齡層。

　　超高齡社會的腳步愈來愈近，時代的風氣持續改變，也有韓國業界認為，嬰兒潮世代購物者會成為韓國的消費核心。業者看準嬰兒潮世代購物者的消費能力與財力，不論是零售業、家電業、房地產仲介、醫療領域或金融業界，紛紛針對銀髮族推出客製化商品，展開激烈競爭。面對出生率低、長期處於經濟不景氣的韓國內需市場，嬰兒潮世代購物者被認為是可靠的救兵。

一本書讀懂科技趨勢關鍵詞

作者	金敏九
譯者	陳柏蓁
商周集團執行長	郭奕伶

商業周刊出版部

責任編輯	林雲
封面設計	Bert
內頁排版	林婕瀅
出版發行	城邦文化事業股份有限公司 - 商業周刊
地址	104 台北市中山區民生東路二段 141 號 4 樓
	電話：(02)2505-6789　傳真：(02)2503-6399
讀者服務專線	(02)2510-8888
商周集團網站服務信箱	mailbox@bwnet.com.tw
劃撥帳號	50003033
戶名	英屬蓋曼群島商家庭傳媒股份有限公司城邦分公司
網站	www.businessweekly.com.tw
香港發行所	城邦（香港）出版集團有限公司
	香港灣仔駱克道 193 號東超商業中心 1 樓
	電話：(852)25086231 傳真：(852)25789337
	E-mail：hkcite@biznetvigator.com
製版印刷	中原造像股份有限公司
總經銷	聯合發行股份有限公司 電話：(02)2917-8022
初版 1 刷	2024 年 6 月
定價	台幣 420 元
ISBN	978-626-7366-95-0（平裝）
EISBN	9786267366943（PDF）
	9786267366936（EPUB）

미래 경제 지식 사전

(The Future Economy a Knowledge Dictionary)

Copyright © 2023 by 김민구 (Kim, Min-koo, 金敏九)

All rights reserved.

Complex Chinese Copyright © 2024 by Business Weekly, a division of Cite Publishing Ltd.

Complex Chinese translation Copyright is arranged with HANS MEDIA

through Eric Yang Agency

國家圖書館出版品預行編目(CIP)資料

一本書讀懂科技趨勢關鍵詞／金敏九著；陳柏蓁譯. -- 初
版. -- 臺北市：城邦文化事業股份有限公司商業周刊,
2024.06
　面；　公分.
譯自：미래 경제 지식 사전
ISBN　978-626-7366-95-0（平裝）
1.CST: 資訊經濟學　2.CST: 知識經濟
551.49　　　　　　　　　　　　113005659

藍學堂

學習・奇趣・輕鬆讀